AI 번역과 인간 번역

AI문고

인공지능 시대입니다. 기계가 인간의 인지를 대신하고, 사물이 인간을 통하지 않고 다른 사물과 직접 커뮤니케이션합니다. 이에 따른 인간 삶과 문명 변화를 정확히 이해 · 예측 · 대응하는 것은 이 시대 우리 모두의 과제입니다. AI문고는 인공지능 기술과 환경의 여러 주제를 10가지 키워드로 정리합니다. 관련 개념과 이론, 학계와 산업계의 쟁점, 우리 일상의 변화를 다룹니다. 인간과 기술의 현재, 미래를 세심히 분석합니다.

일러두기

- 인명, 작품명, 저서명, 개념어 등은 한글과 함께 괄호 안에 해당 국가의 원어를 병기했습니다.
- 외래어 표기는 현행 어문규정의 외래어표기법을 따랐습니다. 다만 '딥러닝' 등은 관행을 따랐습니다.

처음이세요?

전문가세요?

AI 번역과 인간 번역

고선정

대한민국, 서울, 커뮤니케이션북스, 2025

AI 번역과 인간 번역

지은이 고선정
펴낸이 박영률

초판 1쇄 펴낸날 2025년 8월 4일

커뮤니케이션북스(주)
출판 등록 2007년 8월 17일 제313-2007-000166호
02880 서울시 성북구 성북로 5-11
전화(02) 7474 001, 팩스(02) 736 5047
commbooks@commbooks.com
www.commbooks.com

ISBN 979-11-430-0634-9 03500

책값은 뒤표지에 표시되어 있습니다.

차례

AI 번역에 대한 (재)인식

인공지능(AI) 시대를 맞아 다양한 분야에서 AI의 활용 방안에 대한 논의가 활발히 진행되고 있다. 하지만 AI의 발전으로 인해 전문가로서 인간의 위상이 위협받고 있고, 심지어 직업의 '소멸' 가능성까지 제기되는 상황에서 가장 주목받고 있는 직업 중 하나가 바로 '번역사'다. AI 시대에 번역사라는 직업의 종말을 예견하는 기사는 여기저기에서 쉽게 볼 수 있다. 번역학자와 교육자들도 번역사와 번역 교육의 미래에 대해 우려하고 있다.

그러나 기술의 발전에 따른 대전환의 시대에 위기론은 항상 찾아오는 법이며, 기존 질서의 재편 과정에서 '사라지게 될 것'과 '남아 있게 될 것'에 대한 우려는 언제나 혼재해 왔다. 그렇다면 AI 시대에 인간 번역사는 어느 쪽일까? 직업군이 사라지게 될 것인가? 아니면 새로운 시대에 적응해서 남아 있게 될 것인가? 이 책은 결과론적 예견을 지양하고, AI와 인간에 대한 이분법적 시각을 지양하며, AI 번역과 인간 번역에 대한 이해의 도모를 지향한다. 또한 번역사뿐만 아니라 AI 시대의 전문성과 직업적 정체성에 대해 고민하는 모든 이들과 미래에 대한 고민을 함께 나누는 기회가 되었으면 한다.

먼저 이 책에 나오는 주요 용어인 기계 번역, AI 번역 그리고 인간 번역에 대해 간략히 설명하고자 한다. 기계 번역이란 서로 다른 자연 언어의 번역 프로세스 과정에서 기계를 이용한 번역을 말한다. AI 번역은 정확히 말하면 AI 기반 번역 시스템을 이용한 번역으로, 기존의 기계 번역 시스템과 구별하기 위해 사용한다. 그러나 이 두 가지 용어를 명확히 구별하기는 어려우며, 기계 번역과 AI 번역은 혼용되어 사용되는 경우가 많다.

이 책에서는 '기계 번역'을 두 가지 의미로 사용한다. 첫째는 '인간' 번역과 구별되어 인간이 아닌 기계가 주체가 되어 수행한 번역을 통칭하는 경우다. 여기에서 기계 번역은 번역 프로세스에서 기계를 매개로 한다는 의미를 넘어서 인간과 대척점에 있는 존재로서 '기계'를 강조하는 의미로 사용한다. 둘째로 기계 번역의 발전 단계에서 AI 기반 번역 시스템이 등장하기 전에 사용되던 번역 시스템을 통칭할 때 기계 번역이란 용어를 사용하기도 한다. 기계 번역의 발전에서 두 가지 큰 전환점을 꼽는다면, 하나는 인공신경망을 이용한 기계 번역의 등장이며, 또 다른 하나는 오픈AI(OpenAI)에서 개발한 챗

GPT(chatGPT)의 상용화다. 두 번의 기술적 도약으로 기계 번역 결과물의 품질은 크게 개선되었다. 이러한 기술적 전환에 따른 시기별로 번역 시스템의 차이를 구별하기 위해 기계 번역과 AI 번역을 맥락에 따라 혼용할 것이다. 또한 이 책에서 인용하는 연구들도 기계 번역과 AI 번역을 혼용하는데 각각의 맥락에서 용어가 지니는 함의를 고려하여 해당 용어를 그대로 사용한다.

기계 번역의 비약적 발전

기계 번역 초기 단계에서는 번역 품질 문제로 대중이나 전문가들이 기계 번역물을 별로 신뢰하지 않았다. 기계 번역에 대한 대중의 인식을 단적으로 보여 주는 사례가 인터넷에서 밈으로 돌아다니는 번역기 오류일 것이다. 일명 '메뉴판 번역 레전드' 밈을 보면 '육회→ six times', '대게→ usually' , '곰탕→ Bear Thang' , '돼지 주물럭 → Massage Pork' , '밀면 → when you push' 등 한국어 단어의 의미를 제대로 파악하지 못하고 단어를 분절하여 영어로 직역한 사례가 바로 그런 경우다. 한국 음식 메뉴판 오역은 지상파 뉴스에서도 소개된 바 있다. 이 외에도 기계 번역의 맥락을 고려하지 않은 오역 사례들이 인터넷에 공유되었고, 기계 번역은 정확성이 부족하고 신뢰성이 담보되지 않은 번역 서비스라는 인식이 지배적이었다.

초기 단계의 기계 번역은 통계 기반 기계 번역(Statistical Machine Translation, SMT) 기술을 적용하여 번역 원문을 구문 분석한 다음 변환 규칙에 따라 번역하는 방식을 적용했다. 즉 이용자가 입력한 문장을 분석해 통계적으로 비슷한 의미를 찾아내 번역하는 것이다. 그러나 2016년 11월 구글이 신경망 기계 번역(Neural Machine Translation, NMT)을 활용한 번역 서비스를 제공하면서 기계 번역의 품질은 확연히 달라졌다. SMT와 NMT의 번역 품질 차이를 보여 주는 대표적인 사례가 'Time flies like an arrow'라는 문장의 번역이다. SMT는 이 문장을 '시간 파리는 화살을 좋아한다'고 오역했고, NMT는 '시간은 화살처럼 흐른다'고 자연스럽게 번역했다.

NMT는 사람의 뇌가 학습하는 과정에 착안하여 번역에 적용한 것이다. 딥러닝(deep learning)을 통해 문장을 통째로 학습할 뿐만 아니라 학습 데이터의 양도 많아졌다. 그 결과 기계 번역의 품질이 좋아져 일상적인 문장을 번역하는 데는 무리가 없어 보였다. 그러나 여전히 문화적인 차이에 따른 의미 차이나 맥락 이해가 필요한 경우 번역이 제대로 나오지 않았다.

'내조(內助)'는 '아내가 남편을 도움'이라고 네이버 국어사전에 나온다. 그런데 '내조'를 구글 번역기는 '돕다'를 뜻하는 'help'로, 네이버 파파고 번역은 'domestic help'로 번역했다. '내(內)'와 '조(助)'를 분리하여 '국내'를 의미하는 'domestic'과 '돕다'는 'help'를 단어 순서대로 직역한 것이다. 네이버 파파고의 경우 구글 번역보다 한자어에 대한 이해도가 높긴 하지만, 한국의 전통적 가족 관계와 여성에게 요구되었던 유교적 윤리 규범에 대한 이해가 부족해 '내조'를 제대로 번역하지 못했다.

그러나 오픈AI에서 개발한 챗GPT가 등장하면서 기계 번역 품질은 놀랍도록 좋아졌다. 앞서 예로 들었던 '내조'의 경우도 챗GPT는 'supportive role(내조 역할)'이나 'support one's husband(남편을 내조하다)'처럼 문맥에 따라 가능한 여러 번역을 제시한다. 단순히 단어의 번역을 물었지만 상황별 문장에서 사용 가능한 다양한 번역어를 제시함으로써 사용자는 목표 언어(target language)와 목표문화권(target culture)에 더욱 부합하는 맞춤형 표현을 찾아갈 수 있게 된 것이다. 게다가 AI가 탑재된 스마트폰에서 실시간 번역 서비스를 제공하면서 사용자의 편리성은 더 높아지고 기계 번역의 활용 범주는 더 넓어졌다.

특히 챗GPT와 같은 대화형 AI를 활용한 번역에서 주목할 만한 특징은 입력과 출력이라는 직선형 프로세스가 아니라 '대화' 형식의 상호 작용을 통해 사용자의 의도에 따라 언어 정보를 세밀하게 조정하여 제공한다는 점이다. 이처럼 전형적인 답을 제시하는 것이 아니라 상황과 요구에 맞게 실시간 번역 서비스를 이용할 수 있게 되면서 다양한 분야에서 AI 번역을 활용하고 있다. AI가 발전할수록 AI 번역의 성능은 더 좋아질 것이며, 그럴수록 인간 번역사는 AI 번역과 계속 비교될 것이다.

인간 번역사는 위기에 처했는가?

통계 기반 기계 번역(SMT)을 사용했을 때만 해도 여전히 인간 번역은 전문성에서 높은 평가를 받았다. 신경망 기계 번역(NMT)이 등장하자 인간 번역의 전문성에 대한 평가가 흔들리는 것 같았지만, 번역 교육자들과 연구자들은 다양한 연구를 통해 NMT 번역의 한계를 짚어 냈다. 특히 문학 번역의 경우 번역의 전문성뿐만 아니라 창의성도 요구되기 때문에 AI 번역으로 대체 불가능할 것으로 여겼다.

그러나 챗GPT와 같은 거대언어모델(LLM)은 인간 번역과 비교했을 때 축적된 데이터를 기반으로 전문성과 창의성을 발휘할 뿐만 아니라 효율성까지 높다는 평가를 받고 있다. '기계 vs 인간'이라는 대결 구도로만 본다면 인간 번역사는 패배한 것처럼 보인다. 하지만 '기계 vs 인간'이라는 이분법적 사고에만 갇혀 있으면 현실을 직시할 수 없다. 그보다는 AI가 미치는 영향력과 파급력에 대한 구체적인 분석이 필요하다.

이 책은 AI 번역과 인간 번역에 대한 논의에서 중요한 지점들을 짚어 보고, AI 번역의 '영향력'과 '파급력'을 다양한 주제들 속에서 구체적으로 파악해 보고자 한다. 지금까지 번역 연구자들과 교육자들이 수행한 연구들은 각각의 주제에 대한 다양한 관점을 제시해 줄 것이다. 또한 주요한 연구 흐름과 동향은 AI 번역과 인간 번역에 대한 논의가 어떤 방식으로 전개되었는지를 보여 줄 것이다. 이론과 함께 언급되는 구체적인 예시는 독자의 이해를 도와줄 것이다.

앞부분에서 밝혔듯이 이 책은 결과론적인 예견을 지양하기에 '인간 번역사는 위기에 처했는가?'라는 물음에 긍정이든 부정이든 명확한 답을 제시하는 것이 목적이 아니다. 이 책은 '인간 번역사는 위기에 처했는가?'라는 질문이 제기된 배경을 탐색하고자 한다. 또한 이 질문을 던지는 이들이 AI 번역과 인간 번역에 대한 담론 속에서 무엇을 간과하고 있는지를 비판적으로 고찰하려는 목적도 있다. 나아가 "위기"라는 말이 반드시 "소멸"을 의미하지는 않으며, 그것이 또 다른 시작이 될 수 있는 가능성도 함께 모색해 보고자 한다.

이 책의 구성

이 책은 AI 번역과 인간 번역에 대한 이해에 도움이 될 만한 10가지 주제를 선정하여 주제별 핵심 사안을 중점적으로 다루고 있다. 장별 구성은 다음과 같다.

우선 1장은 'AI 번역의 발전 과정'으로 기계 번역의 초기 단계부터 다양한 AI 번역 플랫폼의 상용화 단계까지 기계 번역의 발전 과정을 약술한다. 기계 번역은 초기에 군사적 목적으로 사용하기 위해 연구되었지만, 이후 번역 서비스의 수요가 높았던 국가들을 중심으로 번역 시스템이 발전해 왔다. 기계 번역의 원리에 따라 기술 발전 단계는 세 단계로 나눌 수 있다. 1단계는 규칙 기반, 2단계는 통계 기반 그리고 3단계는 인공신경망(neural network) 기반 기계 번역으로 나눌 수 있다. 그리고 이제는 챗GPT와 같이 방대한 데이터를 학습한 거대언어모델 기반의 대화형 AI를 이용하는 4단계에 이르렀다고 할 수 있다.

2장은 'AI 번역에 대한 담화 분석'으로 AI 번역과 인간 번역을 둘러싼 담화를 비판적으로 분석하고, 이러한 담화에서 제기하는 인간 위기론을 구체적으로 살펴본다. 여기에서는 담화 분석을 위한 비판적 담화 분석(Critical Discourse Analysis, CDA) 이론을 개괄적으로 소개하고, CDA 관점에서 인간과 기계/AI에 대한 담화가 형성되는 방식을 규명한다. 그리고 '우리-그들'의 대립적 담화 구조에서 AI가 인간에게 존재론적 위협을 가하는 것처럼 상상되는 방식을 비판적으로 분석해 본다. 궁극적으로 '우리-그들'이라는 이분법적 시각에서 벗어나 'AI' 라는 도구를 어떻게 활용할 것인지에 대해 고민해 볼 것을 제안한다.

3장은 'AI 번역과 번역 교육의 변화'로 기계 번역에 대한 교육 또는 기계 번역을 이용한 교육의 변화를 살펴본다. 특히 기계 번역 수업이 종전에는 컴퓨터 보조 번역(Computer-Assisted Translation, CAT) 툴을 이용해 이뤄졌다면, 챗GPT 상용화 이후에 다양한 번역 수업에서 학습 도구로 AI 번역을 활용하고 있다. 그러나 AI를 사전처럼 이용하거나 무비판적으로 수용할 경우 번역 역량을 향상하는 데는 도움이 되지 않는다. 여기에는 디지털 리터러시 교육이나 기계 번역에 초점을 맞춘 문해력 교육이 수반될 필요가 있다. 학습자뿐만 아니라 교육자도 AI에 지나치게 의존해서는 안 되며, 교육의 본질적인 목표 달성을 위해 적절하게 활용할 수 있는 수업 설계 방안을 모색해야 한다.

4장은 'AI 번역과 번역 시스템의 고도화'라는 주제로 전문 분야의 번역사들은 기계 번역을 어떻게 활용하는지 살펴본다. 또한 전문 번역에 사용되는 CAT 툴로 트라도스(Trados)와 메모큐(memoQ)와 같은 기계 번역 플랫폼을 예로 들면서 각각 어떤 기능이 있는지 개괄적으로 설명한다. 이제는 CAT 툴을 제공하는 번역 플랫폼들이 AI를 탑재하면서 번역 시스템이 고도화되고 있고, 활용 분야도 다양해지고 있다.

5장은 '분야별 AI 번역의 활용'에 대해 다룬다. 모든 분야에 AI 번역을 적용할 수 있는 것은 아니며, 번역 품질 향상을 위해 인간의 손이 필요한 경우도 많다. 그 예로 영상 번역에서는 아직 AI를 활용한 번역에 한계가 있으며, 문학 번역 역시 인간 번역사의 개입이 필요하다. 물론 기존 기계 번역 플랫폼과 달리 챗GPT를 활용한 AI 번역이 활성화되면서 기계 번역이 어려울 것으로 생각되는 텍스트의 종류와 범위가 많이 줄어들고 있는 것도 사실이다. 그러나 AI 번역을 무분별하게 사용할 경우, 잘못된 정보와 데이터가 확산될 위험이 있기 때문에 AI 번역에 대한 적절한 평가가 필요하다.

6장은 'AI 번역 결과물의 타당성과 신뢰성'에 대해 다루고 있다. 기계 번역이 수행한 결과물의 정확성에 대한 평가는 초기에 기계 번역 플랫폼의 성능에 대한 비교 분석의 형태로 이뤄졌다. 그러다 '기계-인간' 번역문을 평가 대상으로 삼으면서 인간 번역문을 기준으로 기계 번역이 신뢰할 만한 결과물을 내놓는지 분석했다. 그런데 챗GPT를 이용한 번역은 타당성과 신뢰성을 확보했을 뿐만 아니라 인간 번역사에 견줄 만한 창의성을 보인다. 이 시점에서 우리가 주목해야 할 것은 AI 번역 결과물의 타당성과 신뢰성에 대한 논의보다 AI에 사용되는 데이터의 타당성과 신뢰성이다. 데이터는 AI 번역 결과물에 직접 영향을 미치기 때문에 중요하다고 할 수 있다.

7장은 'AI 번역과 문화 번역'으로 번역의 난제로 꼽히는 문화 번역에 대해 집중적으로 논의한다. 문화적 요소와 관련된 번역은 번역사의 개입이나 창의성이 가장 필요한 부분인데, 여기에서는 특히 언어 문화에 초점을 맞춘다. 한 사회의 문화가 언어를 통해 발현되기도 하지만 문화소는 언어에 내재되어 있기도 하다. 문화소는 번역을 통해 확산되거나 전이될 수 있기 때문에 문화소 번역은 중요한 의미를 지닌다. 구글 번역이나 파파고와 같은 NMT 기반 번역에서는 문화소 번역에 명확한 한계가 있었으나 챗GPT를 이용하면서 문화소 번역에서도 뛰어난 성능을 보이고 있다. 하지만 생성형 AI는 정보를 '생성'하는 할루시네이션(hallucination) 현상도 보이기 때문에 AI에게 없는 언어 정보를 요청했을 때 생성된 정보를 제공할 가능성이 있다. 그렇기 때문에 특히 문화소 번역에서 AI가 제시한 결과를 그대로 믿기보다 직접 추가 검색을 통해 진위를 확인해야 한다.

8장은 'AI 번역과 인간 번역 평가의 문제'를 다룬다. 번역 평가 방식은 자동 평가와 수동 평가로 나눌 수 있다. 수동 평가는 인간 평가자가 직접 평가하는 방식이고, 자동 평가(automatic translation)는 'BLEU'라는 시스템을 이용해 기계 번역을 평가하는 방식인데, 이때 평가의 기준이 되는 것이 인간 번역이다. 그러나 AI 번역 성능이 점차 개선되면서 단순한 오류 분석 차원의 평가에서 벗어나서 다양한 층위에서 차이점을 규명하기 위한 논의가 이뤄지고 있다. 특히 최근에 빠르게 변화하는 언어 문화를 고려했을 때 '창의성' 항목은 AI 번역과 인간 번역을 가장 잘 구별할 수 있는 방법이 될 수 있다.

9장은 'AI 번역과 인간 번역의 구별 짓기'에서는 '번역'이라는 단어를 '인간'과 'AI'가 나눠 가져야 할 정도로 기계 번역의 비중이 커진 상황에서 번역의 주체에 대해 논의해 본다. 챗GPT는 대화형 AI로 번역사는 프롬프트를 통한 대화 형식의 번역 과정을 통해 결과물을 도출해 낸다. 이때 AI는 번역사의 도구라고 할 수 있을지, 파트너라고 해야 할 것인지 고민해 볼 필요가 있다. 예컨대 AI와의 '협업'이란 표현은 AI를 일종의 파트너로 인정하는 것이다. AI는 가상 세계에 존재하는 동료인 셈이다. 'AI와의 협업'이라는 말은 인간 번역과 기계 번역의 공동 작업을 의미하며 AI는 인간과 비슷하거나 더 뛰어난 역량을 가진 존재로 의인화된다. 반면 AI를 인간의 도구로 보는 관점에서는 AI 번역의 한계를 지적하며, AI를 다루는 인간 번역사의 역량을 중요하게 강조한다. 이러한 논의들은 기계 번역과 인간 번역을 구별하는 이분법적 사고에서 탈피해 AI와 인간의 관계를 재성립하기 위한 시도로 볼 수 있을 것이다.

마지막으로 10장은 'AI 번역과 윤리적 책임' 문제를 다룬다. 우리가 'AI 번역'이라고 하지만 그 번역에 대한 책임은 AI가 짊어지는 것이 아니라 인간 번역사에게 있다. 이는 법적 책임만을 의미하는 것이 아니라 직무 윤리와 관련된 제반 문제의 책임 소재가 인간 번역사에게 있음을 의미한다. 그리고 그 책임은 번역 업무뿐만 아니라 번역의 과정까지도 포함된다. 이때 인간 번역사에게 요구되는 가장 중요한 자질은 AI의 편리성에 의존하는 것이 아니라 AI를 사용한 번역 작업에 주체적으로 개입하고 판단하며, 번역의 전 과정에서 봉착하게 되는 한계와 문제점을 인식하고 통제할 줄 아는 것이다.

AI 번역에 대한 (재)인식, 그 지향점

이 책은 AI 번역과 인간 번역 간에 어떤 관계를 설정하거나 평가하는 것이 목적이 아니다. AI 대 인간이라는 대결 구도 속에서 본질적으로 잊고 있었던 '번역'의 가치에 대해 다시 생각해 보기를 원한다. 한강은 《채식주의자》를 둘러싼 번역 논란을 언급하면서 "번역은 한 세계와 다른 세계를 수많은 어려움 속에 연결해 내는 고도로 정밀하고 섬세하고 미묘한 작업"(임미나, 2018)이라고 표현했다.

필자가 AI로 인해 번역사라는 직업이 없어지거나 인간이 AI로 대체된다는 존재론적 위기보다 심각하게 우려하는 것도 번역에 대한 한강의 사유와 연결된다. 번역은, 한강의 말을 빌리면, 한 세계에서 다른 세계를 잇기 위한 "고도의 섬세하고 정밀하고 미묘한 작업"이다. 그런데 이제 AI를 이용한 번역 작업은 원문에 담긴 저자와의 대화가 아니라 AI와의 대화를 통해 번역 결과물을 포장하는 데만 치중하고 있는 것 같다. 원문과 번역문의 단어와 표현에 대한 섬세한 고민 대신에 프롬프트에 어떤 말을 입력할지를 더 크게 고민하는 것이다. 그리고 만족할 만한 결과물이 나올 때까지 프롬프트 화면만 쳐다본다.

어쩌면 이렇게 AI에 점차 의존해 가는 우리 자신의 모습을 보면서 전문성에 대한 확신이 점차 사라지고 있다는 생각이 드는 것은 아닐까? AI가 만들어 준 동굴에서 편하게 쉬고 있는 나 자신의 모습을 발견할 때 불안감이 느껴지는 것은 아닐까? 그로 인한 불안감이 인간을 위협하는 'AI'라는 상상의 괴물을 만들어 낸 것은 아닐까?

이 책은 변화하는 시대에 존재론적 정체성에 대한 막연한 불안감을 키워 가기보다 불안의 원인을 직면하기를 권한다. 새로운 시대에 부합하는 업무 역량과 전문성에 대해 냉철하게 고민해 보며 AI 시대에 대응할 수 있는 직업적 정체성을 새롭게 구성해 나가기 위한 노력이 필요한 때다. AI 시대에 풍전등화처럼 위기를 맞이하고 있다는 '번역'의 영역과 '번역사'라는 직업을 다룬 이 책이 그 계기를 마련해 줄 수 있기를 바란다.

참고문헌

임미나(2018.1.29). [단독]한강 "채식주의자" 오역 60여개 수정… 결정적 장애물 아냐. 연합뉴스. https://www.yna.co.kr/view/AKR20180129083200005

01

AI 번역의 발전 과정

기계 번역 연구는 냉전 체제에서 군사적 목적에서 시작되었다. 그러나 인간과 기계의 관계에서 보았을 때 가장 의미 있는 첫 성과는 '일기예보' 번역 시스템이었다. 일기예보 번역은 반복적이며 단순한 번역 작업이라 인간 번역사의 이직이 잦았다. 그런데 기계 번역이 단순 업무를 대체하면서 인간 번역사의 업무 만족도가 높아졌고 근무 기간도 길어졌다. 이는 기계와 인간 번역의 바람직한 협업을 보여 준 최초의 사례일 것이다.

AI와 1인 창업?

기계 번역의 초기 단계

번역은 여러 문명과 정치, 종교, 외교 목적의 교류를 위해 언어 차이를 넘어 소통을 시도하면서 시작되었다. 그렇다면 서로 다른 언어를 번역할 때 기계를 이용하려는 시도는 언제 이뤄졌을까? 김영택 외(1994)에 따르면 컴퓨터가 탄생하기 전 1930년에 이미 기계 번역에 대한 첫 논의가 있었다고 한다. 그러나 컴퓨터에 의한 기계 번역은 1946년부터 일부 과학자들을 중심으로 이뤄지기 시작했다. 그러다 1950년대부터 정부 지원과 기업의 참여로 본격적인 기계 번역 연구가 시작되었다. 당시 소련과 미국의 냉전 체제에서 군사적 목적으로 기계 번역 연구에 본격 착수하게 된 것이다.

미국 정부는 소련의 정치, 군사적 서류를 영어로 번역하기 위한 기계 번역 개발을 지원했고, 1954년 뉴욕에서 러시아어-영어 기계 번역이 처음으로 공개적으로 이뤄졌다. 당시 조지타운 대학과 IBM의 협업으로 개발한 조지타운 기계 번역 프로젝트(Georgetown Automatic Translation, GAT)에서 수행했던 세계 최초의 기계 번역 시연에서는 러시아어로 작성된 물리학 관련 문서를 영어로 번역했다. 이때 시연한 텍스트는 250단어로 규모가 매우 작았으며 인간 번역에 비해 품질이 현저히 떨어졌다. 비록 단어 대 단어의 번역 수준에 불과한 번역이었지만 단시간에 문서를 살펴보는 용도로는 충분히 사용 가능했다.

첫 번째 기계 번역 프로젝트에 참여했던 연구자들은 당시에 발견했던 기계 번역의 문제점을 수년 안에 해결할 수 있다고 주장했고, 미국 정부도 적극적으로 투자했다. 그러나 이후에 별다른 진전이 이뤄지지 않았고 기계 번역 개발의 열기도 점차 식어 갔다. 1960년대에는 프랑스와 캐나다에서 기계 번역 프로젝트에 착수했다. 1965년 캐나다 정부의 지원을 받아 영어를 불어로 번역하는 타움(Traduction Automatique de L'universite de Montreal, TAUM) 프로젝트가 시작되었다. 앞선 시기에는 군사적 · 정치적 목적의 텍스트를 번역 시연에 사용했지만, 타움은 일기예보 텍스트를 번역 대상으로 삼았다.

왜 일기예보였을까? 일기예보는 제한된 어휘와 정형화된 문장을 사용하기 때문에 번역 작업이 지루해서 번역사들이 자주 이직을 했다고 한다. 영어와 불어가 공용이인 개나다에시는 번역사의 짖은 이직 문제를 해결하기 위해 기계 번역 시스템을 개발해 일기예보를 번역했다. 타움은 역사적으로 가장 성공적인 기계 번역 시스템의 하나로 평가받고 있는데, 일기예보가 정형화된 문장과 정해진 어휘를 사용해 기계적인 처리가 수월했기 때문이다(김영택 외, 1994).

즉, 기계 번역 개발의 초기 단계에서 시작점은 군사적 목적이었으나 가장 많이 활용된 것은 실용적 목적에서 시작된 타움이었다. 이 시기에 기계 번역 개발을 통해 다양한 기술적 성과를 거뒀지만, 인간과 기계의 관계에서 보았을 때 첫 성과는 인간 번역사를 대체하는 기계 번역 시스템을 사용하기 시작했다는 사실이다.

기계 번역 시스템의 다양화

1970년대 미국 연방 정부에서 처음으로 시스트랜(SYSTRAN)이라는 기계 번역 시스템을 사용하기 시작했다. 시스트랜은 영어-불어, 불어-영어, 불어-독어, 영어-독어 등 다중 번역(Multilingual)이 가능했으며, 상업적으로 성공한 기계 번역 시스템 중 하나로 평가받았다.

캐나다에서는 타움의 후속 시스템으로 타움-메타오(TAUM-METAO) 시스템을 개발했다. 메타오 개발로 번역 용량도 늘어나고 번역 성공률도 95%까지 높아졌다. 주목할 만한 사실은 캐나다 기상청에서 메타오를 도입하면서 기상청 번역사의 평균 근무 기간이 8년까지 늘어났다는 점이다. 이전에 반복적이며 단순한 번역 업무로 인해 6개월도 되지 않아 그만두었던 번역사들이 기계 번역 시스템이 도입되어 업무량이 줄어들자 장기적으로 근무할 수 있게 된 것이다. 이는 기계와 인간 번역의 바람직한 협업을 보여 준 최초의 사례라고도 할 수 있을 것이다.

또한 1970~1980년대에는 번역에 사용되는 언어 쌍이 더욱 다양해지면서 이에 대응하는 기계 번역 시스템들이 개발된다. 특히 유럽 지역의 여러 언어에 대한 번역 지원 시스템이 필요했던 유럽 연합은 9개 언어를 번역하기 위해 유로트라(EUROTRA) 시스템을 개발했다.

아시아에서는 일본에서 기계 번역에 대한 연구가 활발히 이뤄졌다. 일본의 기계 번역은 주로 영어-일본어 번역을 중심으로 개발되었다. 그러나 영어와 일본어는 문법적으로 많이 달라 그 간극을 줄이려면 시스트랜이나 유로트라에서 사용된 기술보다 고도의 기술을 적용해야 했다(이창인, 1995). 이처럼 국가별 목적과 필요성에 따라 기계 번역 시스템은 점점 다양하게 개발되었다.

기계 번역의 기술 발전 단계

기계 번역은 기술 발전에 따라 3단계로 나눌 수 있다(장애리, 2017; 천종성, 2020; 강수정, 2020). 첫 번째 단계는 규칙 기반 기계 번역(Rule-Based Machine Translation, RBMT)으로 1980년대까지 주로 적용되었다. 이후 1990년대부터 발전하기 시작했던 말뭉치 기반 기계 번역(Corpus-Based Machine Translation, CMT)이 두 번째 단계에 해당하며, 이때 사용된 대표적인 기술이 통계 기반 기계 번역(Statistical Machine, Translation, SMT)이다. 세 번째 단계는 딥러닝(deep learning) 기반 인공 신경망 기계 번역(Neural Network Machine Translation, NMT)이다. 특히 NMT를 적용한 구글, 파파고 등 번역 시스템의 번역 결과물이 크게 개선되면서 기계 번역 활용 범위가 넓어졌다. 세 번째 단계에 해당하는 NMT는 4년밖에 되지 않은 짧은 기간 동안 그 이전에 20여 년간 구축된 CMT의 성과를 능가할 정도로 전례 없이 빠른 속도로 발전했다(천종성, 2020). 그런 점에서 NMT 기술 개발은 기계 번역의 확장에 크게 기여했다고 할 수 있다.

번역 기술이 점차 발전하면서 번역학계에서도 기계 번역을 사용했을 때 한국어와 외국어의 번역 품질이 어떤지 분석하는 연구가 활발하게 이뤄졌다. 초기에 규칙 기반 기계 번역과 통계 기반 기계 번역은 인간 번역 품질과 비교했을 때 기계 번역의 한계가 분명하다는 평가가 지배적이었다. 이는 단어나 문장 길이, 빈도나 어순 배

열과 같은 변수에 따라 품질 변화를 분명하게 확인할 수 있었다.

그러나 NMT가 본격 상용화되는 3단계에서는 기계 번역에 대한 평가가 극명하게 달라진다. 신경망 기계 번역은 통계 기반 기계 번역과 달리 문장을 분할해 단어 대 단어로 변환하는 방식이 아니라 문장 전체를 한 단위로 처리한다. 문장에 담긴 모든 정보를 학습할 수 있기 때문에 문맥을 더 잘 파악할 수 있으며, 번역 결과의 정확도가 높아진다. 이에 따라 번역 결과물이 획기적으로 개선되면서 기계 번역의 품질에 대한 학계의 관심과 연구도 증폭된다. 특히 한국어의 언어적 특성을 반영한 다양한 유형의 텍스트를 선정하여 기계 번역과 인간 번역 간에 번역 품질을 비교 분석하면서 기계 번역의 한계를 설명하기 위한 연구도 이뤄졌다. 그 결과 문장이 길어지거나, 텍스트 외적인 이해가 필요하거나, 유머나 문학적 상상력이 필요한 경우 번역의 정확성이 떨어진다는 분석 결과들이 나왔다.

이처럼 텍스트 유형의 다양화와 평가 방식에 변화를 주면서 NMT 번역에 대해 다각도로 평가한 결과 NMT 번역은 말뭉치 데이터의 양과 수준이 품질을 좌우한다는 분석 결과가 나왔다. 그렇기 때문에 양질의 데이터가 축적되지 않으면 인공 신경망 기계 번역 기술을 이용한 번역의 품질은 떨어질 수밖에 없는 것이다. 구글과 파파고의 번역을 비교해 보면 한→영은 구글이, 영→한은 파파고 번역이 더 정확한 이유도 언어별 데이터의 차이에서 기인한다.

이러한 문제점을 극복하고 NMT 번역 결과물의 품질을 향상하기 위한 방안으로 프리 에디팅(pre-editing)과 포스트 에디팅(post-editing) 기법을 사용하기도 한다. 높임말과 같이 한국어의 독특한 특징들을 번역하는 과정에서 기계 번역의 성능 하락을 막기 위해 기계 번역의 전(前) 단계에서 편집하는 프리 에디팅이 필요하다는 것이다(김정희 외, 2022). 또한 프리 에디팅과 더불어 고품질의 기계 번역 결과물을 얻기 위한 사후 편집 개념으로 포스트 에디팅을 실시해 두 가지 상호보완적인 과정을 모두 고려할 필요성을 제기하기도 한다(이성화 · 김세현, 2018).

기계 번역 기술이 발전하기는 했지만 가장 발전된 형태로 보였던 NMT를 이용한 번역도 많은 문제점이 있다는 것이 다양한 연구를 통해 밝혀지면서 인간 번역사의 역할과 전문성이 보존되는 듯했다. 그러다 인간 번역사의 위기를 넘어 직업 소멸에 대한 우려를 낳은 기술 발전이 이뤄지게 된다. 바로 오픈AI(OpenAI)사에서 내놓은 대화형 인공지능(AI) 모델인 챗GPT(chatGPT)의 등장이다.

대화형 인공지능 챗GPT의 등장

챗GPT의 등장 이후 AI 번역 연구에서 주로 초점을 맞췄던 것은 기존 기계 번역에서 한계로 지적되었던 문제점들을 챗GPT는 극복할 수 있는가였다. 예를 들어, 문학 작품이나 게임, 웹사이트 번역부터 아이러니나 은유, 비속어의 번역 등 언어적·장르적 특성을 고려해서 번역해야 할 때 챗GPT는 어떤 번역 결과물을 내놓을지 관심이 집중되었다. 교육학적 관점에서 대화 방식으로 통번역이 가능한 챗GPT를 외국어나 통번역 수업에서 어떻게 활용할 수 있을 것인지 검증해 보는 실험 연구도 이뤄졌다. 또한 기계 번역과 인간 번역의 구별을 위해 인간 번역 그리고 파파고와 챗GPT 번역물을 비교 분석해 문체의 특성을 규명한 연구도 있다(이창수, 2024). 해외에서도 기계 번역이 가장 한계를 드러냈던 유머 번역을 챗GPT는 어떻게 번역하는지 분석하거나(Abu-Rayyash, 2024), 챗GPT가 NMT를 능가할 수 있을지(Manakhimova et al., 2023) 비교 분석한 연구도 있었다.

다양한 연구 결과에 따르면 NMT의 등장은 기계 번역 발전 단계를 한 단계 끌어 올리긴 했지만 한계점도 분명히 존재했다. 그러나 챗GPT의 등장으로 AI 번역에 대한 전문가의 평가와 대중의 인식은 크게 바뀌게 된다. 무엇보다 이전에 지적되었던 기계 번역의 한계를 극복하면서 AI가 마치 인간을 위협하는 존재로 성장한 것처럼 '상상'되기도 했다. 그러나 보다 비판적으로 AI 번역과 인간 번역을 둘러싼 담화가 어떻게 구성되는지 분석해 본다면 그 실체와 직면할 수 있을 것이다. 이에 다음 장에서는 AI 번역과 인간 번역을 둘러싼 담화와 수사적 표현 방식을 자세히 살펴보고자 한다.

참고문헌

강수정(2020). 전문번역사들의 NMT 에 대한 인식과 수용에 관한 연구 – 심층인터뷰를 중심으로. 《번역학연구》, 9~35쪽.

김영택 외(1994). 《자연언어처리》. 교학사.

김정희 외(2022). 한국어 자모 단위 구성과 높임말을 반영한 한영 신경 기계 번역. 《정보과학회논문지》, 1017~1025쪽.

이성화·김세현(2018). 영-한 및 한-영 기계번역 품질향상을 위한 프리에디팅 기법 제안. 《번역학연구》, 121~154쪽.

이창수(2024). 챗 GPT, 파파고, 인간 번역가 간의 한영 문학번역 차이점 연구. 《번역학연구》, 11~37쪽.

이창인(1995). 기계번역의 역사와 현안 문제점. 《언어연구》, 137~146쪽.

장애리(2017). 국내 기계 통번역의 발전 현황 분석: 한·중 언어 쌍을 중심으로. 《번역학연구》, 171~206쪽.

천종성(2020). 전문번역사들의 기계번역 수용에 관한 연구. 《한국융합학회논문지》, 281~288쪽.

Abu-Rayyash, H.(2024). AI meets comedy: Viewers' reactions to GPT-4 generated humor translation. *Ampersand, 12*, pp.100~162.

Manakhimova, S. et al.(2023). Linguistically Motivated Evaluation of the 2023 State-of-the-art Machine Translation: Can ChatGPT Outperform NMT?. *Proceedings of the Eighth Conference on Machine Translation*, pp.224~245.

02
AI 번역에 대한 담화 분석

인간과 기계에 대한 담화를 분석해 보면 '우리-인간', 그리고 이와 구별되는 집단으로서 '그들-기계'로 범주화되고 타자화된다. 이때 '그들'로 타자화되는 '기계'는 마치 실체가 있는 집단처럼 상상되고, 인간을 위협하는 부정적인 존재로 구체화 된다. 그러나 '우리-그들'이라는 이분법적 시각에서 벗어나 번역의 주체로서 도구적 사용에 대해 고민해야 한다.

AI와 MBTI?

담화 분석의 한 갈래, 비판적 담화 분석

1990년대 초 암스테르담에서 열린 한 심포지엄을 계기로 담화 분석과 구별되는 비판적 담화 분석(Critical Discourse Analysis, CDA)의 이론적 토대가 마련되었다(Wodak & Meyer, 2009). 페어클로프와 워닥(Fairclough & Wodak)은 구어와 문어에서의 언어 사용을 '담화(discourse)'라고 보며, 담화는 상황, 지식의 대상 그리고 개인과 집단의 사회적 정체성 간에 관계를 구성한다(Fairclough & Wodak, 1997). 또한 담화는 사회와 문화를 구성하고, 이데올로기와 역사를 반영한다.

한편 반 다이크(van Dijk, 2005)는 CDA의 핵심 개념은 바로 비판(critique), 이데올로기, 권력이라고 보았다. '비판적 담화 분석'에서 '비판'의 개념에 대해 워닥(Wodak, 2011)은 '비판적'이란 용어가 문화권에 따라 부정적인 의미로 사용되기도 하지만 CDA에서 비판은 사회적인 현상을 그대로 수용하기보다 의문을 제기하는 합리적인 사고에서 발현된다고 보았다. 또한 담화 연구와 달리 비판적 담화 연구는 사회 문제에 대한 인식이 연구의 출발점이 된다. 따라서 CDA는 이론이나 방법론에서 특정한 입장을 고수하지 않는다는 점에서 여타 담화 연구와 구별된다.

CDA의 또 다른 핵심 개념인 이데올로기는 신념의 체계이기도 하지만, 냉전 서사에서 사용되는 '이데올로기' 개념과 구별되며, 개인의 정체성 형성에 영향을 미치는 일상적인 신념에 가깝다고 할 수 있다(Wodak & Meyer, 2009). CDA에서 권력에 대한 구체적인 규정은 학자마다 차이가 있다. 그렇지만 공통적인 견해는 현대 사회에서 권력은 행위의 통제를 둘러싼 역학 관계와 구체적인 특성들을 이해하는 데 중요한 개념이라는 것이다. 또한 이러한 역학 관계는 직접적으로 드러나지 않고, 암시적으로 발현된다고 보았다. CDA는 이처럼 보이지 않는 권력이 언어적으로 발현되는 것을 분석 대상으로 삼는다(Wodak & Meyer, 2009).

기계 번역 담화 속 인간 위기론

암시적으로 발현되는 권력의 역학 관계를 비판적으로 분석한 CDA 학자들 가운데 반 다이크는 '우리/그들' 집단의 범주화를 통해 대립적 관계가 형성되는 방식에 주목했다(김병건, 2015). 이에 따르면 '우리'에 대한 긍정적인 정보가 표현/강조될 때, '그들'에 대한 부정적인 정보도 표현/강조된다. 반면 그들에 대한 긍정적인 정보가 억제/경시될 때 우리에 대한 부정적인 정보는 억제/경시

된다. 즉 '우리'의 긍정적 속성을 강화하며 '그들'의 부정적 속성을 더욱 드러내는 가운데, '우리'의 부정적 속성과 '그들'의 긍정적 속성은 은폐되는 것이다.

이 같은 CDA 관점에서 인간과 기계/AI에 대한 담화는 '우리-인간'과 구별되는 집단 '그들-기계/AI'로 범주화되고 타자화되는 것을 볼 수 있다. 이때 '우리-인간'은 '그들-기계/AI'로부터 보호해야 하는 긍정적 대상이며, 이는 '그들-기계/AI'를 '우리-인간'을 위협하는 존재로 강조하면서 '우리/그들'을 범주화하여 구별한다. 이때 '그들'로 타자화되는 '기계/AI'는 마치 실체가 있는 집단처럼 상상되고, 인간을 위협하는 부정적인 존재로 구체화 된다.

특히 기계 번역이나 AI 번역에 대한 담화에서 인간 번역과 함께 논의할 때 AI 번역이 인간 번역을 '대체'할 수 있다는 존재론적인 위협을 드러낸다. 이처럼 '경계'나 '차별화'와 같은 특정 표현을 불필요하게 사용할 경우 과어휘화된 대상에 대한 부정적인 효과를 가져올 수 있다 (Fowler et al., 1979).

이러한 과어휘화는 특히 언론 보도에서 '인간 번역'과 '기계 번역'의 대결 구도를 조성할 때 자주 등장한다. 특히 기계 번역 기술의 긍정적인 측면을 부각하고 인간 번역의 필요성에 대해 의구심을 제기하는 담화 형성을 언론이 주도하고 있는 형국이다. 반면 학계는 논의의 방점이 번역과 번역사에게 있다고 보며, 기계 번역의 장점보다는 단점과 한계에 집중하는 경향을 보이고 있다(천종성 · 이준호, 2024).

이와 관련해 이상빈(2020)은 기계 번역에 관한 KCI 연구 논문을 리뷰한 결과 기계 번역의 "정확성"과 "오류"를 파악하는 것이 가장 두드러진 연구 주제라는 분석을 내놓았다. 기계 번역과 인간 번역의 품질을 직간접적으로 비교한 논문이 전체의 31%를 차지했으며, 이러한 논문은 대개 인간 번역을 "모범 번역"이나 기계 번역의 "궁극적 목표"로 제시했다는 것이다. 전현주(2023)도 번역학계에서 이뤄지는 기계 번역에 관한 연구 동향을 분석한 연구에서 1) 대체로 기계 번역과 인간 번역사의 위상에 관하여 연구자들의 일종의 위기감이 내재된 관점이 표출되어 있으며, 2) 연구자들은 기계 번역의 기술 변화 및 혁신 테크놀로지에 대한 관심과 적용, 그리고 적응의 필요성을 통감하고 있고 3) 인간과 기계 번역의 상생을 통한 공존 방안을 적극적으로 모색하기 위하여 기계 번역의 품질 향상 및 효율성 개선을 위한 논의에 역동적으로 참여하고 있다고 분석했다.

CDA 관점에서 AI 번역과 인간 번역을 둘러싼 담화를 분석해 보면 '우리-그들'의 대립적 담화가 구성되면서 여기에 사용되는 언어적 표현들이 인간과 AI의 관계가 서로 존재론적 위협을 가하는 것처럼 구체화되는 것을 볼 수 있다. 이에 AI 번역과 인간 번역을 둘러싼 담화 분석은 '우리-그들'로 '상상'되는 관계에서 벗어나서 AI 시대의 변화를 어떻게 받아들일지 냉철하게 고민해 보는 출발점이 될 수 있을 것이다.

인간 위기론에 대한 저항적 담론

인간 번역과 기계 번역에 대한 담론은 두 가지 양상을 보인다. 첫 번째 양상은 편리성과 정확성을 대표하는 '기계'에 대적하기 어려워 보이는 '인간'의 위기를 주장하는 담화가 형성되고 있는 것이다. 두 번째 양상은 기계 번역의 장점보다는 단점과 한계를 입증하며 인간 위기론에 저항하는 담화가 형성되고 있는 것이다. 이러한 저항적 담론은 단지 인간과 기계의 대결 속에서 존재론적 위기론을 극복하는 데 목적이 있지 않다. 번역의 본질적인 목적이 무엇인지를 고민하고, 그 목적을 달성하기 위해 번역이 적절한 기능을 수행할 수 있는지 비판적으로 고민해 보기 위함이다. 즉, '인간 번역의 위기' 프레임에서 벗어나 무엇이 어떤 이유에서 잘된 번역 혹은 수용 가능한 번역인지, 인간 번역과 기계 번역은 어떤 예측 가능한 차이를 보이는지를 명확히 규정하는 것이 필요하다(송연석, 2018).

인간 번역의 위기론에서 종종 간과하는 중요한 사실은 기계 번역 품질이 좋아져도 전문성과 신뢰성을 갖춘 번역물을 얻으려면 인간 번역사의 개입이 이뤄져야 한다는 것이다. 기계 번역의 품질 향상에 필요한 프리 에디팅이나 포스트 에디팅과 같은 작업도 결국 기계 번역이 '독립적'으로 완벽한 번역 품질을 내놓을 수 없음을 전제로 한다. 즉 기계 번역은 인간의 손을 거쳐야만 비로소 완전해질 수 있는 것이다. 챗GPT와 같은 AI 기반 번역도 번역사의 개입이 필요하다. 다만 차이가 있다면 신경망 기계 번역(NMT)에서 프리 에디팅이나 포스트 에디팅과 같은 '편집' 프로세스에서 프롬프트를 이용한 '대화' 프로세스로 바뀌었다는 것이다.

AI 번역 성능이 점차 좋아지면서 인간의 통제 범위를 넘어서는 것에 대한 불안감으로 인해 '대체'에 대한 불안감이 증폭되고 '인간 번역의 위기' 프레임도 더 커지고 강화되고 있다. 이에 대응해 '대체 불가능성'을 입증하기 위해 인간 번역과 챗GPT 번역의 차이를 명시적으로 제시하고 규정하려는 연구가 지속적으로 이뤄지고 있다. 다양한 언어권의 연구자들이 여러 유형의 텍스트를 번역해 보며 챗GPT 번역의 한계선이 어디인지 밝혀내려 한다. 이러한 연구는 단지 인간과 기계 번역을 구별 짓기 위한 목적뿐만 아니라 인간의 지적 능력과 창의적 능력을 기계가 침범하기 어렵다는 것을 입증하고자 하는 목적도 있다.

그러나 위협을 '당한다'는 관점보다 AI를 도구로서 다루며 '통제한다'는 관점의 전환이 필요하다. 즉 AI 대 인간의 구도에서 기계 번역과 인간 번역의 우열을 따지기보다 AI라는 '도구'를 어떻게 적절하게 활용하여 인간의 역량을 끌어올릴 수 있을 것인가에 대한 고민이 필요한 때다. 다시 말해 번역 과정에서 '인간'과 'AI'라는 도구 중에 어느 쪽을 선택하는지의 문제가 아니라, 번역이라는 작업을 인간이 주체적으로 수행하는 데 'AI'라는 도구를 어떻게 활용할 것인지에 초점을 맞춰야 한다. 번역의 주체를 인간으로 보는 관점이 흔들림이 없어야 AI 시대에 필요한 번역 교육도 효율적으로 이뤄질 수 있을 것이다. 이러한 관점에서 AI 번역과 번역 교육에 대해 다음 장에서 구체적으로 살펴보도록 하겠다.

참고문헌

김병건(2015). 메르스 보도에 대한 신문 사설의 비판적 담화 분석. 《한말연구》, 47~76쪽.

송연석(2018). 기계번역 담론에 대한 비판적 고찰. 《번역학연구》, 119~145쪽.

이상빈(2020). 기계번역에 관한 KCI 연구논문 리뷰: 인문학 저널 논문(2011~ 2020년 초)의 논의내용과 연구방법을 중심으로. 《통역과 번역》, 75~104쪽.

전현주(2023). '기계번역' 관련 국내 번역학 연구동향 분석. 《융합영어영문학》, 85~121쪽.

천종성·이준호(2024). 국내 언론과 KCI 학술 논문에 나타난 '기계번역' 담화 분석. 《번역학연구》, 69~97쪽.

Fairclough, N. & Wodak, R.(1997). Critical Discourse Analysis. In Dijk, T. van(ed.). *Discourse Studies: A Multidisciplinary Introduction*. Sage.

Fowler, R., et al.(1979). *Language and Control*. Routledge and Kegan Paul.

Van Dijk, T. A.(2005). Critical Discourse Analysis. In Hamilton, H. E., et al.(eds.). *The Handbook of Discourse Analysis*. John Wiley & Sons.

Wodak, R. & Meyer, M.(2009). *Methods of Critical Discourse Analysis*. SAGE Publications.

Wodak, R.(2011). Critical Discourse Analysis. In Hyland, K.(ed.). *Continuum Companion to Discourse Analysis*. Continuum.

03
AI 번역과 번역 교육의 변화

AI 번역을 활용한 수업이 다양하게 진행되고 있다. 그러나 AI를 수동적으로 사용하지 않도록 디지털 리터러시 교육이나 기계 번역에 초점을 맞춘 문해력 교육이 함께 이뤄져야 한다. 또한 학습자뿐만 아니라 교육자도 AI에 지나치게 의존해서는 안 된다. 교육의 본질적인 목표 달성을 위한 수업 설계에 AI를 접목하는 방안을 고민해야 한다.

AI와 난임 극복?

기계 번역(을 이용한) 교육

기계 번역 초기 모델은 정확성과 효율성이 떨어진 데다 번역 품질이 좋지 않아서 번역 수업에 활용되지는 않았다. 그러나 2016년 신경망 기계 번역(NMT)을 이용하게 되면서 번역 품질이 많이 개선되었고, 교육적인 활용 방안에 대한 논의도 본격적으로 이뤄지게 된다. 여기에는 기계 번역에 대한 교육뿐만 아니라 다른 교육 분야에서 기계 번역을 활용하는 방안도 포함되었다.

일례로 외국어 교육에서 기계 번역을 활용한 연구를 들 수 있다. 조인희(2018)에 따르면 영어 교육 수업에서 기계 번역을 사용하도록 했더니 학습자와 교수자 모두에게 도움이 되었다고 한다. 학습자의 입장에서는 기계 번역과 자신의 영작을 비교하여 스스로 교정할 수 있어서 개별적인 평가에 대한 부담이나 불안감이 경감된다. 또한 개인의 실제 영어 실력보다 더 높은 수준에서 자유로운 영작이 가능해져 성취감과 자신감이 향상될 수 있다. 교사의 입장에서는 기계 번역을 적극적으로 활용할 경우, 개별 학습자의 글에 일일이 첨삭지도를 해야 하는 언어적 · 시간적 부담이 크게 줄고, 전체 학생을 대상으로 글의 전개와 구성, 글쓰기 전략 등과 같은 과정 중심 글쓰기를 지도하는 데 집중할 수 있다.

기계 번역 교육과 관련해 디지털 시대 변화에 맞춰 번역 교육도 달라져야 함을 주장한 대표적인 연구로 마승혜 · 성승은(2019)을 들 수 있다. 이 연구에서는 AI 시대에 인간과 기계가 협업할 수 있는 번역 시스템 구축이 비교적 간단해졌고, 이에 따라 비전문가의 번역 활동도 늘어나고 있기에 번역 교육도 변화가 필요하다고 했다. 특히 팬 번역(fan translation)과 같이 디지털 환경에서 이루어지는 번역은 다양한 배경의 사람들이 협업과 분업을 통해 집단지성을 발휘하며 번역의 품질 향상에 각자 기여하고 있음을 지적했다. 여기에 기계 번역 교육을 통해 번역 기술을 활용할 수 있는 사람들이 늘어난다면, 이는 번역의 영역이 축소되는 것이 아니라 확장되는 결과를 가져올 것이다.

기계 번역 교육이든, 기계 번역을 이용한 교육이든, 교육의 본질을 놓쳐서는 안 된다. 히메네스크레스포(Jimenez-Crespo, 2017)는 기계 번역을 자동차 내비게이션에 비유한다. 내비게이션이 목적지까지 가는 길을 알려 주기는 하지만 운전을 하는 방법을 가르치지는 못하는 것처럼 기계 번역도 결과물만 알려 줄 뿐 외국어를 배울 수 있도록 해 주는 것은 아니라는 것이다. 김은영(2021)은 외국어 교육 특히 번역 교육 현장에서 AI 번역을 사용할 경우 몇 가지 고려 사항을 제안하기도 했다. 그 가운데 두 가지를 꼽으면, 첫째, 교육자는 기계 번역 시스템과 언어의 종류, 그리고 텍스트 유형에 따라 기계 번역물의 정확성이 달라질 수 있다는 사실을 염두에 두어야 한다는 것이고, 둘째, 효과적인 기계 번역 활용을 위해서는 사용 전략에 대한 가이드를 제시해야 한다는 것이다. 즉, AI 번역을 교육 목적으로 사용할 때 교수자가 명확한 목적과 지침을 가지고 수업에 적용하는 것이 중요하다.

학습 도구로서 AI 번역의 활용

지금까지 기계 번역에 대한 수업은 주로 포스트 에디팅이나 컴퓨터 보조 번역(Computer-Assisted Translation, CAT) 툴을 사용하는 방법을 주로 다뤘다. 그러나 챗GPT 출시 이후 다양한 주제의 텍스트 번역에도 AI 번역의 활용이 가능해지면서 기계 번역 수업뿐만 아니라 다른 전문 번역 수업에도 학습 도구로서 AI 번역을 적극 활용하기 시작했다.

그러나 학습자가 기계 번역의 편리성에 익숙해질수록 '번역'에 대한 고민은 줄어들고 있는 것 같다. 이를 경계하고 비판적 사고를 확장하려면 번역 수업에서 어느 정도까지 기계 번역을 활용해야 하는지, 기계 번역의 편리성에 의존해서 학습자의 사고력이 약화되는 부작용이 발생하는 것은 아닌지 고민해 봐야 한다.

AI를 활용해 번역 프로세스를 단축하는 것에 대해 학습자와 교수자는 각기 다른 관점을 보여 준다. 기계 번역 교육의 필요성이 대두되고 있으나 외국어 숙달이 부족한 학습자가 기계 번역을 사용하게 되면 번역 능력을 제대로 키울 수 있을지에 대한 의문도 제기되었다. 따라서 기계 번역을 제대로 활용하기 위해서는 먼저 기계 번역 리터러시를 갖추고, 관련 테크놀로지를 활용하여 기계 번역의 결과를 검증하는 능력을 쌓아 갈 필요가 있다(성승은, 2023).

마찬가지로 학부에서 기계 번역 교육을 강화하는 것에 대해 교육자들 사이에 상반된 입장을 보인다(이선우 · 이상빈, 2023). 특히 학부에서 번역을 전공한다고 해서 졸업 후에 반드시 전문 번역사로 일하는 것은 아니기 때문에 대학에서 번역 기술에 대한 교육을 지나치게 강화하는 것에 대해 부적절하다는 주장도 있다. 이러한 교수자의 입장과 달리 학생들은 학부 번역 전공자로서 포스트 에디팅 능력을 갖추게 된다면 사회가 요구하는 새로운 인재가 될 수 있을 것으로 기대한다(이선우 · 이상빈, 2023).

그렇다면 다른 전공의 대학생들은 기계 번역 사용에 대해 어떻게 인식하고 있을까? 강지혜와 이영희(2024)는 설문조사 대상을 확대해 수도권 소재의 대학교 재학생 464명을 대상으로 기계 번역에 대한 인식과 기계 번역 활용 방법, 그리고 기계 번역 사용에 대한 문제의식을 알아보았다. 설문조사 결과 교육 부문에서 기계 번역의 도입과 활용에 대해 교수자와 학습자 간에 인식 차이가 큰 것으로 나타났다.

아무래도 교수자의 입장에서는 무조건 기계 번역을 사용한다고 해서 번역물이 좋아지거나 번역 역량이 향상되지 않는다는 것을 알고 있다. 표면적으로 기계 번역기를 사용하는 것이 쉽고 간단해 보일 수 있지만, 기계 번역 활용은 사실 사용자에게 상당한 수준의 비판 의식을 요구하기 때문이다(강지혜 · 이영희, 2024). 따라서 번역 교육에서 AI 번역을 활용하는 문제에서 중요한 것은 번역 과정에서 AI 사용을 어디서부터 어디까지 허용할지에 대한 범위 설정이 아니다. 실질적으로 시급한 문제는 기계 번역을 비판적으로 평가할 수 있는 문해력 교육의 구체적인 내용을 정하고 교육 방법을 수립하는 것이다.

디지털 리터러시 교육이나 기계 번역 문해력 교육은 원문을 입력하고 번역문을 출력하는 데 AI를 이용하는 일반적인 기계 번역 교육과는 달라야 한다. 교수자는 기계 번역의 작동 원리, 기계 번역의 종류와 장단점, 그리고 무엇보다 기계 번역의 잠재적 위험과 윤리적 문제까지 고민할 수 있는 교육을 제공해야 한다. 아울러 교수자는 학습자가 기계 번역에 대해 비판적으로 접근하도록 하는 수업을 설계하는 방안을 고민해 봐야 한다. 따라서 학습 도구로서 AI를 활용한다고 했을 때 디지털 리터러시 교육 또는 기계 번역에 초점을 맞춘 문해력 교육이 함께 이뤄질 필요가 있다.

기계 번역 교육에서 주의할 점

최근 미국의 한 강의 평가 사이트에는 담당 강사가 AI에 지나치게 의존한다는 불만이 올라왔다. 이 학생은 '사람의 가르침'을 받기 위해 등록금을 내는 것이지, 공짜로 물어볼 수 있는 '알고리즘의 가르침'을 받으려는 것이 아니라고 지적했다. 이는 교육 분야에서 AI를 더 적극적으로 활용하려는 교수자들에게 경종을 울린다. 번역 교육도 예외는 아니다.

신지선(2024)은 번역 교육에서 챗GPT를 효과적이면서도 윤리적으로 활용하기 위해 교수자가 유념해야 할 사항을 제안했는데 그중에 몇 가지를 소개하면 다음과 같다. 우선 교수자가 챗GPT의 메커니즘을 이해하고 능숙하게 활용하는 전문성을 갖춰야 한다. 다음으로 교수자는 챗GPT를 활용할 때 균형 잡힌 시각을 갖추고 비판적으로 평가해야 하며, AI에 지나치게 의존해서는 안 된다. 마지막으로 AI 기술이 발전할수록 AI를 사용하는 인간의 전문성이 더 중요해질 것임을 주지시켜야 한다.

결국 AI 번역과 번역 교육이 나아갈 방향을 정립하려면 학습자와 교수자 모두의 적극적인 노력이 필요하다. 기계 번역에 과도하게 의지하지 않으면서 기계 번역 기술을 적절하게 활용할 수 있는, 그런 균형 잡힌 번역 수업을 어떻게 설계할 수 있을지 먼저 고민해 봐야 할 때다.

참고문헌

강지혜·이영희(2024). 기계번역에 관한 대학생의 인식과 사용 양상. 《번역학연구》, 87~121쪽.

김은영(2021). AI 기계번역을 활용한 외국어교육의 방향성 – 포스트에디팅 수업 사례를 통해. 《언어학연구》, 23~42쪽.

마승혜·성승은(2019). 다단계 기계번역을 활용한 비전문가 번역 품질 향상 방안 모색 – 학부 실습 과정 및 결과 분석을 중심으로.

《번역학연구》, 83~113쪽.
성승은(2023). 학부 한영번역 수업에서는 기계번역을 통해 어떤 도움을 받을 수 있을까?. 《영어권문화연구》, 53~83쪽.
신지선(2024). 번역교육에서 챗 GPT 의 활용 방안 탐구. 《번역학연구》, 39~67쪽.
이선우·이상빈(2023). 기계번역 사용, 기계번역 교육, 번역가 진로에 관한 인식 조사: 학부번역전공자를 대상으로 한 소규모 설문조사를 기반으로. 《통역과 번역》, 49~73쪽.
조인희(2018). 기계번역을 활용한 영어작문수업의 효과: 자기 효능감과 글쓰기의 양적 증가를 중심으로. 《영여영문학연구》, 253~279쪽.
Jimenez-Crespo, M. A.(2017). The role of translation technologies in Spanish language learning. *Journal of Spanish Language Teaching, 4*(2), pp.181~193.

04
AI 번역과 번역 시스템의 고도화

특정 전문 분야의 번역사들은 다양한 기계 번역 플랫폼을 사용해 번역 품질을 유지하고 번역에 걸리는 시간을 단축한다. 그러나 모든 번역이 시스템을 이용해 번역할 수 있는 것은 아니다. 번역은 살아 있는 언어를 다루기 때문에 고도화된 시스템으로도 해결될 수 없는 문제가 있다. 따라서 언어를 창의적으로 다룰 줄 아는 고도의 언어 기술을 갖춘 번역사가 늘 필요하다.

AI와 사주?

전문 분야에서 기계 번역 활용

앞서 번역 교육을 받는 학습자의 입장에서는 수업이나 과제 수행 시 AI 활용에 대해 긍정적인 반응을 보였다. 그렇다면 실제 현장에서 전문 번역사들은 AI 번역을 어느 정도 활용하고 있을까?

기계 번역 초기에 전문 번역사들은 업무에 기계 번역을 적극적으로 활용하지는 않았다. 기계 번역 발전의 초기에 해당하는 규칙 기반 기계 번역(RBMT)과 통계 기반 기계 번역(SMT)의 경우 단어 대 단어 또는 구문 대 구문의 변환 수준에 불과한 번역 품질로 인해 기계 번역에 대한 신뢰가 높지 않았기 때문이다. 이에 따라 프리/포스트 에디팅을 하고 기계 번역을 활용할지, 에디팅에 드는 수고를 감내하는 대신에 번역에 몰입할 것인지, 시간적 효율성을 고려하여 선택적으로 사용하는 경우가 많았다.

번역사들이 기계 번역에 대한 의구심을 떨치고 업무에 본격적으로 활용하게 된 것은 딥러닝과 인공 신경망을 이용해 문장 단위 학습이 가능해진 신경망 기계 번역(NMT)이 상용화된 이후라고 할 수 있다. 여러 연구와 실무 경험을 바탕으로 NMT를 이용한 번역 품질에 대한 신뢰가 형성되면서 기계 번역을 활용한 번역을 무조건 배

척하기보다 효과적으로 이용하는 방법을 강구하게 되었다. 번역사들은 번역 시스템을 업무에 적용했을 때 유용하고 결과적 품질이 보장된다고 판단되면 긍정적인 태도로 수용했던 것이다. 이에 대해 천종성(2020)은 번역사들이 기계 번역을 철저히 자신의 업무를 위한 도구로 인식하고 있음을 보여 준다고 분석했다.

이는 AI 번역의 사용 목적과도 관련이 있다. 번역을 배우는 단계에 있는 학습자들은 번역 수업에서 자기 확신이 부족해서 AI 번역에 의존하거나 동료 피드백을 대체해서 자신의 번역 평가를 위한 수단으로 AI를 활용하는 경우가 많다. 그에 반해 전문 번역사는 다양한 번역 경험이 있기 때문에 학습자와 같이 불안감 해소나 자기 효능감을 위해 AI 번역을 사용하지는 않는다. 전문 번역사는 업무 수행을 위한 필요성이 분명하고 효용성이 보장될 때 AI 번역을 활용한다.

또한 학습자와 달리 전문 번역사는 AI 번역을 적극 활용하는 것에 대해 거부감을 느끼기도 한다. 업무와 관련된 원문과 번역문이 번역 시스템의 데이터로 수집되어 기계 번역 학습에 활용될 경우 기업과 고객사의 기밀 유출 문제를 초래할 수도 있기 때문이다. 이런 보안 문제 외에도 AI 번역이 인간 번역사로서 자신의 위치를 위협할 수 있다는 위기의식도 AI 번역 사용을 꺼리게 만든다.

이와 관련해 강수정(2020)은 번역사들이 기계 번역에 대해 반감을 느끼는 이유로 시장에서의 역할이 변할 수도 있다는 모종의 불안감을 꼽기도 했다. 또한 전문 번역사의 입장에서 기계 번역의 사용은 본질적으로 번역 행위자에 대한 고민을 낳을 수도 있다. 이승일(2018)은 전문적인 훈련을 받았으며, 문화 중재자로서 소통을 담당해 온 번역사들이 기계 번역을 활용했을 때 번역의 주체가 누구인가 하는 문제 제기에 직면할 수 있다고 분석했다. 이러한 경각심과 직업적 소명의식 때문에 전문 번역사는 업무 관련성에 따라 AI 번역 사용 여부를 결정하게 된다. 그런 점에서 자기 효능감과 수업 보충 자료로 AI 번역을 활용하는 학습자와는 분명하게 구별된다고 할 수 있다.

전문 번역에서 CAT 툴의 활용

업무에 기계 번역을 사용했을 때 가장 큰 이점은 업무가 간소화되고 시간을 절약할 수 있다는 것이다. 특히 여러 번역사와 공동 작업을 하거나 다른 팀들과 프로젝트를 함께 진행할 때 피드백을 반영한 프리/포스트 에디팅 과정은 중복이나 누락 없이 효율적으로 이뤄질 필요가 있다. 이런 경우 번역사들은 CAT 툴을 사용한다.

CAT 툴은 번역에 특화된 전문 프로그램으로 번역 작업의 정확성과 효율성을 높이도록 지원하는 번역 시스템이다. 다량의 문서를 여러 언어로 번역하면서 번역 품질의 일관성을 유지하기 위해 많이 사용한다. 무료/유료로 제공되는 다양한 CAT 툴이 있지만, 가장 널리 사용되는 CAT 툴로 트라도스(TRADOS)와 메모큐(memoQ)를 꼽을 수 있다. 트라도스와 메모큐는 전문 번역사들뿐만 아니라 에이전시와 통번역 교육 현장에서도 많이 사용한다.

CAT 툴이 공통으로 제공하는 핵심 기능으로 번역 메모리(Translation Memory), 용어집 관리(Glossary), 텍스트 분할(Segmentation) 기능을 꼽을 수 있다. 특히 번역 메모리는 이전 번역을 저장하고 재사용할 수 있는 기능이라 대량의 번역 작업에서 유용하게 사용된다. 예를 들어 법률 문서에는 동일한 문구나 용어가 자주 반복되는 경우가 많은데, CAT 툴의 번역 메모리 기능과 용어집 관리 기능을 활용하면 이전 번역과 일관성을 유지할 수 있을 뿐만 아니라 공동 프로젝트 작업에도 혼선을 줄여줄 수 있다.

번역 시스템에서 무엇보다 중요한 기능은 고객이 맡

긴 프로젝트 내용이 외부로 유출되지 않도록 하는 보안 기능이다. 트라도스의 경우 보안성을 갖춘 다양한 지능형 번역 시스템을 제공하고 있다. 이러한 번역 시스템을 활용하면 여러 사람이 참여하는 번역 작업을 중복 없이 간소화할 수 있으며 통제와 관리도 쉽게 가능하다.

이처럼 CAT 툴이 제공하는 텍스트 정렬 기능, 품질 관리 기능, 용어집 관리 기능 등을 활용하면 반복적이며 불필요하게 소모적인 작업을 줄여 번역 속도가 빨라질 수 있고, 번역 용어의 정확성과 일관된 품질을 유지하는 데 집중할 수 있다. 최근 AI를 탑재한 CAT 툴의 경우 성별 편견 제거 요청이나 어조 변경과 같이 사용자가 AI에 입력할 프롬프트를 지정해서 추가할 수 있는 기능도 제공한다.

트라도스와 함께 많이 사용하는 번역 플랫폼으로 메모큐(MemoQ)가 있다. 메모큐의 유용한 기능 중 하나는 QA(Quality Assurance) 기능으로, 초벌 번역 후에 QA 기능을 실행해 오류로 검출되는 항목을 검토할 수 있다. 또한 용어 베이스(term base)는 특정 용어의 일관성을 유지하는 데 사용되며, 용어의 정의, 예시, 이미지 등을 저장할 수 있다. 번역 메모리는 전체 문장의 일관성 유지에 도움이 되고 용어 베이스는 특정 용어를 일관성 있게 사용할 수 있도록 도와준다.

최근에 메모큐는 자사에서 개발한 AI 기반 자동 번역 기술 메모큐AGT라는 플랫폼을 선보였다. 메모큐AGT는 AI와 번역 메모리 기능을 결합해 모든 번역 기록을 저장할 수 있어 맥락에 따라 즉각적으로 기존 번역을 제시한다. 또한 사용자가 AI에 데이터 학습을 시키지 않아도 기존의 번역 메모리를 활용해서 번역할 수 있기에 시간이 절약될 수 있다. 또한 마이크로소프트의 클라우드 플랫폼 '애저(Azure)'와 협업하여 더욱 강화된 보안 시스템을 제공한다.

따라서 전문 번역사들은 기계 번역을 단순히 번역 목적으로 활용하기보다 CAT 툴과 같이 특정 분야에서 번역 작업에서 시간과 데이터를 효율적으로 관리하기 위해 기계 번역을 사용한다. 한편 딥엘(DeepL)은 CAT 툴처럼 대규모 프로젝트 관리에 필요한 다양한 기능을 제공하지는 않지만, 번역에 특화된 서비스를 제공한다는 점에서 개인이 편리하게 이용할 수 있는 번역 플랫폼이다. 개인적으로 용어집을 관리하고 특성 난어와 문구에 대한 맞춤 번역을 설정하기에 편리하다.

시스템의 고도화와 인간 번역사의 역할

CAT 툴을 제공하는 번역 플랫폼들이 AI를 탑재하면서 번역의 처리 속도는 더욱 빨라지고 번역 프로세스는 더욱 간소화되었다. 또한 번역사와 고객사에 맞춤형 서비스를 제공하고, 보안을 강화하는 등 번역 시스템이 점차 고도화되고 있다. 그 덕분에 번역 품질의 유지와 관리에 드는 시간이 줄어들고, 전체적으로 번역 프로세스가 단축되면서 번역 업무 부담이 줄어들 것으로 보인다.

그러나 AI 번역이 생산해 내는 번역물이 많아질수록 번역물을 감수하고 편집해야 하는 번역 업무량도 그에 비례해 늘어날 것이다. 아무리 도구가 좋아져도 처리해야 할 일이 많아지면, 업무 강도가 줄어들었다고 하기는 어렵다. CAT 툴을 활용하더라도 결국 하나의 도구일 뿐, 인간 번역사가 맡아서 책임지고 수행해야 하는 업무는 여전히 남아 있다.

더구나 이 세상의 모든 텍스트를 번역 시스템에 적용할 수 있는 것은 아니다. 멀티미디어 기술 발달과 문화 교류가 그 어느 때보다 활발하게 이뤄지고 있어서 번역이 필요한 글로벌 콘텐츠가 늘고 있다. 그만큼 번역 텍스트의 유형도 다양해지고 번역 목적도 다르기 때문에 번역 시스템이 모든 번역의 문제를 해결해 줄 수는 없다.

변화하는 번역 환경에 따라 인간 번역사의 역할이 바뀔 수는 있지만, 번역은 기계 시스템으로 완전히 자동화하기에는 불가능한 영역이다. 기계를 능숙하게 다루는 능력보다 문화적 지식과 모국어와 외국어 양쪽의 언어 지식이 풍부한 번역사가 더 필요한 분야도 있다. 따라서 CAT 툴을 활용하는 정도와 의존도는 분야별로 다르다고 할 수 있다.

참고문헌

강수정(2020). 전문번역사들의 NMT에 대한 인식과 수용에 관한 연구. 《번역학연구》, 9~35쪽.

이승일(2018). AI 번역의 속성 및 번역주체에 대한 논의. 《통번역학연구》, 183~209쪽.

천종성(2020). 전문번역사들의 기계번역 수용에 관한 연구. 《한국융합학회논문지》, 281~288쪽.

05
분야별 AI 번역의 활용

모든 분야에 AI 번역을 적용할 수 있는 것은 아니며, AI 번역 과정에서 번역사의 적극적인 개입이 필요할 때도 있다. 대화형 AI 번역이 기계적인 창의성을 보여 주긴 하지만 인간의 창의성과는 다르기 때문이다. 무엇보다 AI 번역으로 생산된 데이터에 잘못된 정보가 포함되지 않았는지 확인하려면 분야를 막론하고 인간 번역사의 적절한 평가가 필요하다.

AI와 아이돌?

인간의 손에서 완성되는 AI 번역

CAT 툴이나 AI 번역 서비스를 이용하더라도 전문 번역의 경우 번역 작업의 시작과 끝은 인간 번역사가 맡는다. 번역 품질이 '더' 좋아지려면 인간 번역사의 감수가 필요하거나 기계 번역의 결과물이 잘 나올 수 있도록 사전 편집이 필요하기 때문이다. 이때 번역사에게 요구되는 전문성은 AI 번역보다 '더' 좋아질 수 있게 만드는 번역 역량이다.

AI 번역물을 다듬는 포스트 에디팅 작업은 단순 오류 수정 작업이 아니라 원문과 AI 번역문을 비교 분석하고, 오류를 찾아내고, 수정 여부를 결정해야 한다는 점에서 높은 집중력과 긴장감이 요구된다고 할 수 있다(이지은 · 최효은, 2024). 단어와 문장 단위로 어느 부분을 수정하고 용인할 것인지 일정한 기준을 마련하고 판단하는 과정에서 정신적 피로감은 높아질 수밖에 없다. 또한 번역사가 AI 번역물이 나오기 전에 개입해서 기계 번역 결과물을 예측하고 수정할 것인지, 혹은 사후에 편집할 것인지도 번역사의 판단에 달려 있다.

그러다 보니 전문 번역사의 경우 자신이 맡은 분야에서 가장 효율적으로 AI 번역을 활용할 수 있는 방법을 찾아 가게 된다. 예를 들어 법률 번역의 경우 전문 용어와 정형화된 텍스트를 많이 다루기 때문에 계약서처럼 양식이 정해진 법률 문서의 경우 AI 번역을 많이 활용하고 있다고 한다. 하지만 AI 번역 결과물을 그대로 사용하지는 않는데, 그 이유는 기계 번역이 수행한 용어 번역에서 오류가 많이 발생하기 때문이다. AI 번역 성능이 좋아지면서 법률 번역 업무에도 많이 활용하고 있지만, 절반 이상은 포스트 에디팅 방식으로 이뤄지고 있는 것으로 나타났다(이지은 · 최효은, 2024).

법률 번역이나 의료 번역처럼 주로 사용하는 문장이나 텍스트 형식이 정해져 있는 경우 AI 번역을 이용하면 일정 수준 이상의 결과물을 생산할 수 있다. 이런 점에서 인간 번역사는 단순 반복적인 번역 업무에 대한 부담감을 덜어 낼 수 있게 되었다. 그러나 법률과 의료는 정확한 용어와 명료한 문장 사용이 중요하고, 법적 · 윤리적 책임을 져야 할 수도 있기 때문에 최종 번역물은 결국 인간 번역사의 손에서 완성되어야 할 것이다.

영상 번역에서 AI 번역의 활용

드라마나 영화와 같은 영상 콘텐츠를 번역할 때는 해당 문화권에 대한 깊이 있는 이해가 필요하다. 그렇다면 문화적 요소를 챗GPT는 어떻게 번역할까?

배유진과 김순영(2024)은 챗GPT를 활용해 〈기생충〉과 〈조커〉의 비속어를 AI로 번역한 결과 AI에 프롬프트를 구체적으로 입력하면 원문의 감정적 강도와 문화적 맥락을 충실하게 반영할 수 있다고 분석했다. 예를 들어 한국어에서 '새끼'는 상황과 문맥에 따라 감정적 강도가 달라질 수 있는 표현이다. 〈기생충〉에서 "저 새끼 저거 또 초저녁부터"라는 대사가 나오는데, 인간 번역사는 '새끼'를 'bastard'라고 번역했다. 챗GPT의 경우 프롬프트 설정에 따라 'jerk(얼간이)'라는 원문보다 비교적 약한 강도의 비속어로 번역하거나, 인간 번역사와 동일하게 'bastard'라는 표현을 사용해 비속어 강도와 뉘앙스를 충실히 반영하기도 했다. 이는 프롬프트의 설정에 따라 챗GPT 번역 결과물에 어떤 차이가 있는지를 보여 준다. 이 연구는 프롬프트 설정의 중요성을 강조하면서도 챗GPT가 관용적 표현이나 특정 어휘의 뉘앙스를 해석하는 데 여전히 어려움을 보이기 때문에 인간 번역사의 개입과 보완이 필요하다는 분석 결과를 제시했다.

온라인 동영상 서비스(OTT)에서 K-콘텐츠가 큰 인기를 끌고 있기에 영상 콘텐츠의 AI 번역에 대해 영어뿐만 아니라 다른 외국어 번역에서도 관심 있게 다뤄지고 있다. 그 가운데 넷플릭스의 연애 리얼리티 프로그램 〈솔로지옥〉 시즌2 출연진과 방송 패널들의 발화(utterance)를 한국과 중국의 신경망 기계 번역 플랫폼 5종(네이버 파파고, 카카오i번역, 百度翻译, 腾讯翻译, 有道翻译)을 대상으로 한-중 기계 번역 결과를 분석한 연구도 있다(임소영 · 임소정, 2023). 이 연구는 한국의 20~30대 젊은이들이 일상생활에서 사용하는 구어체를 AI 번역이 어떻게 중국어로 번역했는지 분석했는데, 그 결과 다양한 층위에서 오류가 발생했음을 확인했다. 특히 한국어에서는 주어를 생략하거나 지시대명사를 활용해 상황이나 대상을 함축적으로 제시하는데, 이는 데이터로 만들 수 없는 경험적 언어 지식이기 때문에 AI 번역은 한계를 나타낼 수밖에 없다고 한다.

두 연구 사례에서 볼 수 있듯이 영상 콘텐츠의 구어체나 관용적 표현, 신조어, 단어의 어감이나 은유적 표현까지 섬세하게 번역할 정도로 AI 번역이 발달하지는 않았다. 게다가 문화권별로 언어마다 다른 어감이나 화법을 이해하려면 언어 사용과 관련된 경험적 지식이 뒷받침되어야 한다. 그런 점에서 대화의 흐름과 뉘앙스 파악이 중요한 영상 번역에서 AI 번역을 활용하기에는 아직 한계가 있어 보인다.

문학 번역에서 AI 번역의 활용

영상 번역과 함께 기계 번역의 한계로 지적되어 온 분야는 문학 번역이다. 신경망 기계 번역(NMT) 품질이 상당히 개선되면서 문학 번역에서 활용 가능성에 대한 연구가 언어별로 다양하게 이뤄졌다. 러시아의 대표 작가 톨스토이의 작품 〈유년 시절〉의 기계 번역과 인간 번역을 비교 분석했을 때 러시아어-한국어 기계 번역은 시적 미학과 톨스토이의 문체를 전혀 파악하지 못하는 문제점이 있다고 한다(전혜진, 2019). 프랑스어-한국어 문학의 기계 번역 가능성을 탐색해 보기 위해 윤애선과 손승희(2022)는 프랑스어 문학 텍스트를 장르별로 구축해 구글 번역을 한 결과 희곡보다 소설이 기계 번역의 정확도가 더 높았다는 연구 결과를 제시했다. 이 연구에서 흥미로운 분석은 문학 작품의 기계 번역 품질이 모두 낮은 것이 아니며, 작품의 장르, 그리고 텍스트의 구어체와 문어체 특성에 따라 기계 번역 결과가 달라질 수 있다는 것이다.

그렇다면 구어체 중심의 희곡은 문학 번역 가운데 기계 번역을 활용하기 어려운 장르라고 할 수 있을까? 김지은(2023)은 희곡 〈버스 정류장〉의 인간 번역과 기계 번역 결과물을 비교하고 희곡의 기계 번역의 문제점을 분석했다. 그 결과 희곡 〈버스 정류장〉의 기계 번역 결과에 오류가 많긴 하나, 포스트 에디팅으로 해결 가능한 부분들이 있다고 보았다.

이러한 연구 결과에서 주목할 만한 점은 문학 번역의 기계 번역에 대한 인식이 달라졌다는 사실이다. 이전에 문학 번역은 AI 번역이 불가능한 분야이자, 인간 번역사의 역량이 가장 크게 발휘되는 분야라는 인식이 지배적이었다. 그런데 이제는 텍스트의 유형이나 장르, 또는 인간 번역사의 개입 여부에 따라 문학 작품의 기계 번역도 가능하다는 주장이 제기되면서 문학 작품의 AI 번역에 대한 인식이 바뀌고 있음을 확인할 수 있다.

이러한 인식의 전환은 AI 번역 성능이 빠른 속도로 개선되고 있는 기술적 이유도 있겠지만, 특정 텍스트에 대한 AI 번역의 가능 여부를 단정 짓기보다 효율적 사용 방안을 모색해야 한다는 필요성을 반영한 것이기도 하다. 이처럼 다양한 텍스트를 대상으로 AI 번역의 사용 가능성을 탐색해 나가는 과정에서 AI 번역을 활용하는 분야는 앞으로 더욱 늘어날 것이다.

AI 번역의 무분별한 사용에 대한 우려

그러나 AI 번역의 편리성에 중독되어 번역의 진정한 목적과 기능을 놓칠 수 있다는 우려의 목소리도 있다. 정길화(2024)는 AI 기계 번역을 사용해 세계 문학을 번역했을 때 번역상의 문제점에 대해 지적했다. AI 번역을 사용하면 편리하기는 하지만 오역을 놓치기 쉽고, 인간의 언어에 대한 성찰의 시간이 없어지기 때문이다.

AI 번역의 활용 범위가 점차 확대되고 있는 가운데, 이러한 지적은 AI 번역의 정확성이나 신뢰성에 대한 비판적 시각을 견지해야 한다는 사실을 일깨워 준다. 특히 AI 번역을 맹신하고 오류를 바로잡지 못하게 되면 원문과 완전히 다른 번역 텍스트가 생산되고, 그 번역 텍스트가 다시 AI 학습용 데이터로 활용될 수 있다. 그렇게 되면 잘못된 정보가 서로 다른 언어의 경계를 넘나들며 걷잡을 수 없이 확산될 수 있다.

따라서 AI 번역 결과물을 무조건 신뢰하기보다 번역의 목적과 텍스트 유형에 따른 적절한 평가가 함께 이뤄져야 할 것이다. 이는 AI 번역 결과물의 타당성과 신뢰성에 대한 논의와도 연결될 수 있다.

참고문헌

김지은(2023). 희곡의 기계번역에 대한 고찰 – 희곡 〈버스 정류장〉의 등장인물을 중심으로. 《한중언어문화연구》,

3～32쪽.

배유진·김순영(2024). 영상 자막 비속어 번역에서의 챗지피티 활용 가능성: 〈기생충〉 과 〈조커〉 사례를 중심으로. 《동서비교문학저널》, 209～230쪽.

윤애선·손승희(2022). 구글이 소설도 번역할 수 있나요? – 문학 텍스트에 적용한 프→한 기계번역 기술의 한계와 가능성. 《불어불문학연구》, 273～306쪽.

이지은·최효은(2024). 법률 기계번역 포스트에디팅에 대한 경험과 인식에 관한 소고 : 번역사와 전공생 면접조사를 중심으로. 《통번역학연구》, 27～54쪽.

임소영·임소정(2023). 구어체 한-중 AI 번역의 오류 양상 연구 – 넷플릭스 〈솔로지옥〉 발화를 중심으로 –. 《중국어문학》, 299～330쪽.

전혜진(2019). AI 시대, 문학번역에서 기계번역과 인간번역 비교분석 연구 – 똘스또이의 〈유년시절〉 번역 분석을 중심으로. 《노어노문학》, 111～154쪽.

정길화(2024). AI 자동 기계번역과 세계 문학 등에서의 번역상의 문제점에 관한 연구. 《동서비교문학저널》, 103～135쪽.

06
AI 번역 결과물의 타당성과 신뢰성

AI 번역 성능이 좋아지면서 타당성과 신뢰성을 상당 부분 확보하게 되었으나 이제는 인간 번역과의 비교에서 벗어나 새로운 기준이 마련되어야 한다. 또한 이제는 AI 번역에 사용된 데이터의 타당성과 신뢰성에 대한 비판적인 시각이 필요하다. 편향되고 잘못된 언어 데이터로 생성된 AI 번역 결과물은 다시 잘못된 정보로 소비될 수 있기 때문이다.

AI와 야구?

기계 번역물의 타당성과 신뢰성 논란

기계 번역이 수행한 결과물의 타당성과 신뢰성에 대한 의문을 제기하고 이를 확인하기 위한 일련의 연구들이 진행되었다. 이러한 연구는 기계 번역의 발전 단계마다 이뤄졌다. 초기에는 주로 기계 번역문의 정확성에 대한 평가가 대체로 많았다. 신경망 기계 번역(NMT)의 상용화 이후에는 언어별 혹은 텍스트별로 파파고와 구글의 번역 결과물을 서로 비교하며, 어느 쪽의 성능이 더 좋은지 우열을 논의하는 연구가 주를 이뤘다. 언어 쌍은 한국어와 중국어, 러시아어, 영어가 많았고, 텍스트 종류는 법령 텍스트나 문학 텍스트로 가장 정형화된 텍스트 또는 가장 창의적인 텍스트를 분석 대상으로 삼았다.

기술의 발전으로 기계 번역의 성능이 점차 개선되자 평가 기준이 '기계-기계'에서 '기계-인간'으로 바뀐다. 즉, '기계' 번역문과 '인간' 번역문을 비교, 평가했을 때 기계 번역문이 인간 번역문과 비슷할수록 오류가 적고 성능이 뛰어나다고 평가한다. 결국 인간 번역문과의 유사성이 기계 번역의 타당성과 신뢰성의 평가 기준이 되고, 인간 번역은 기계 번역의 '모범'이 되는 것이다.

한국어와 다른 언어 간 번역의 경우 이때 '인간'은 한국 문화와 언어를 가장 잘 아는 '한국인'이라 할 수 있다.

특히 문화소 번역은 한국 전통문화와 역사에 대한 이해를 기반으로 하기 때문에 한국적 문화소 번역은 기계가 수행하기 어려울 것이라는 판단이 지배적이었다. 그러나 챗GPT 번역은 이러한 판단이 기계 번역에 대한 선입견일 수 있다는 경각심을 일깨워 줬다.

드라마 〈대장금〉은 조선 시대 배경의 역사물이자 의술을 다룬다는 점에서 한국뿐만 아니라 해외에서도 큰 인기를 끌었다. 방영풍과 서연주(2024)는 소설 〈대장금〉을 챗GPT를 활용해 번역한 결과 인간 번역보다 더 높은 정확성과 완결성을 보였다는 분석 결과를 제시했다. 〈대장금〉은 '조선 시대'와 '한의학'이라는 시대적 상황, 한의학에 사용되는 용어, 사극 서사에 내재된 한국적 정서를 고려했을 때 다른 언어로의 번역이 쉽지 않은 작품이다.

이러한 어려움이 예상됨에도 이 연구는 챗GPT로 번역을 수행했을 때 인간 번역보다 우수한 결과물을 내놓았다고 평가했다. 조선 시대에 사용되던 의학 용어를 번역할 때 그와 관련된 배경지식이 필요하기에 번역사가 해당 분야에 익숙하지 않거나 지식이 부족할 경우 번역 품질이 좋지 않았다. 혹은 번역사가 용어를 정확히 이해하지 못해서 주관적인 판단에 따라 번역하면서 오역이 발생하기도 했다.

그러나 챗GPT의 경우 프롬프트에 입력된 정보를 이해하고 재구성하여 문맥에 맞는 답변을 생성하다 보니, 조선 시대 의학 용어 번역에도 우수한 결과를 보여 줬다고 한다. 가독성과 일관성 측면에서 AI 번역 품질에 결함이 있기는 했지만, 정확성과 완결성 측면에서 인간 번역보다 더 나은 결과가 나왔던 것이다(방영풍 · 서연주, 2024).

AI 번역물에 대한 재평가

이러한 분석은 AI 번역과 인간 번역에 대한 평가에서 관점의 전환이 필요하다는 것을 보여 준다. 기존에 AI와 인간 번역물의 비교 분석에서 AI 번역의 데이터 부족이 오류의 원인으로 꼽혔는데, 연구 결과에서는 인간 번역사의 지식 부족이 오류의 원인으로 지적되고 있기 때문이다. 지식과 정보의 다양성과 규모에서 인간 번역사는 AI에 비해 턱없이 부족하기 때문에 향후 다양한 분야에서 인간 번역사의 한계가 노출될 수밖에 없다. 또한 학습을 통해 AI는 계속 진화할 것이며, 기존에 AI 번역의 한계로 지적되었던 장르적 특성들이 하나씩 무너질 것이다. 앞서 〈대장금〉은 역사물이자 의학 드라마라는 장르적 특성이 분명한 반면, 속담의 경우 해당 언어의 문화와 관습을 비유적 표현을 통해 압축적으로 반영하기 때문에 AI 번역에 한계가 있다고 여겼다.

그러나 최근 연구에서 속담을 딥엘(DeepL), 챗GPT, 구글을 활용해 번역한 뒤 번역 오류를 어휘, 문장, 어법 등으로 나누어 분석한 결과 기계 번역 결과물은 모두 75% 이상의 높은 정확성을 보였다고 한다(윤여범, 2024). 이는 속담의 기계 번역에서 오류가 많이 나왔다는 기계 번역에 대한 기존 평가와 차이를 보여 주며, 번역의 타당성과 신뢰성에서 기계 번역의 성능이 향상되고 있음을 시사한다.

문학 작품의 기계 번역에 대한 평가도 달라지고 있다. 기계 번역 결과물의 신뢰성과 타당성 측면에서 가장 낮은 평가를 받아 왔던 문학 작품에 대해 인간 번역사, 파파고, 챗GPT의 문체를 비교 분석한 연구도 있다. 이창수(2024)는 단순히 원문과 번역문을 대응하는 방식의 비교 분석이 아니라, 한영 문학 번역에서 인간 번역, NMT, 챗GPT 간에 문체 및 창의성을 평가하고, 번역 오류를 범할 때의 차이점을 분석했다. 그 결과 한영 문학 번역 과정에서 챗GPT는 인간 번역사에 견줄 만한 창의성을 보였다고 한다.

지금까지 기계 번역이 '창의성'을 발휘하지 못해서 신뢰성을 확보하지 못한 부분조차 그 한계를 뛰어넘은 셈이다. 게다가 파파고는 대명사 오류를 50건 범했으나 챗GPT는 13건으로 훨씬 적다. 이는 파파고에 비해 챗GPT가 맥락을 고려하여 대명사를 선택하는 능력이 제한적이지만 작동했음을 보여 준다고 이 연구는 지적한다. 이런 점에서 이 연구는 챗GPT의 위치는 현시점에서 인간 번역과 기계 번역의 중간에 자리 잡고 있다고 평가했다(이창수, 2024). 게다가 챗GPT가 문학 데이터를 꾸준히 학습한다면 오류가 크게 줄어들 가능성이 있다.

그러나 이 연구에서 지적하고 있는 것처럼 이때 기계가 보여 주는 '창의성'에 대해 비판적으로 살펴보아야 한다. 창의적인 역량이 필요한 부분에서 챗GPT는 문맥을 이탈하지 않으며 수용 가능한 번역을 제시한다는 점에서 번역의 타당성과 신뢰성을 확보할 수 있을 것이다. 그러나 이때 '창의성'이란 챗GPT의 핵심 작동 원리인 대규모 언어 모델(LLM)을 기반으로 '통계'와 '생성형'으로 만들어진 것이기 때문에 인간의 주체적이며 의식적인 '창의성'과는 구별되어야 할 것이다.

이러한 관점에서 AI 번역물에 대한 재평가와 함께 고민해야 될 부분은 AI 번역에 대한 평가 기준의 재설정이다. 기계 번역이 진화하고 있는 만큼 초기 단계와 유사한 '오류' 중심의 타당성과 신뢰성 평가를 하기보다는 인간과 기계 번역을 분명하게 구별할 수 있는 기준, 그리고 인간을 모방한 정도의 유사성에 대한 평가에서 벗어난 새로운 기준을 마련해야 한다.

AI 데이터의 타당성과 신뢰성 논란

기계 번역물에 대한 평가 기준의 재설정과 더불어 또 한 가지 고려할 점은 AI를 학습시키는 데이터 자체에 대한 타당성과 신뢰성 문제다. 특히 젠더(gender)와 관련된 문제나 정보의 '생성' 과정에서 발생하는 '할루시네이션(hallucination)' 문제와 관련해 AI가 학습한 데이터의 타당성과 신뢰성에 대한 비판적인 인식이 필요하다.

지윤주(2021)는 파파고의 경우 한국어-영어, 영어-한국어 기계 번역 결과물에 다양한 젠더 문제점이 존재한다고 지적했다. 특히 한국어를 기반으로 운용되는 네이버 파파고의 젠더 문제는 구글 번역기보다 더욱 다양하고 두드러진 양상으로 나타났다. 예를 들어 'honorable girl/boy'를 네이버 파파고는 '떳떳한 소녀/영예로운 소년'이라고 번역했다. 이에 대해 이 연구는 남성형 번역인 '영예로운'의 긍정적 함의와 달리, 여성형 젠더 수식 번역에서 '떳떳한'으로 번역되어 긍정적 함의가 약화된 것을 확인할 수 있었다는 분석 결과를 제시했다. 이 외에도 다양한 사례를 통해 이 연구에서 중요하게 지적한 것은 기계번역의 운용 체제는 사회에서 통용되는 언어 정보를 중심으로 이루어져 있다는 사실이다. 그리고 AI는 해당 언어권에 내재한 사회적 편견과 고정관념, 혐오와 비하의 언어를 그대로 학습하게 된다.

따라서 AI 번역 결과물만 보고 판단할 것이 아니라 AI 모델이 학습한 데이터에 대한 비판적인 시각이 필요하다. 무엇보다 편향된 데이터로 학습되고, 잘못된 언어 정보로 생성된 AI 번역 결과물이 다시 다른 언어로 번역되고 정보로 소비될 수 있음을 경계해야 한다.

여기에서 다시 우리는 번역 행위의 인간 주체성 문제와 더불어 번역 평가에서 인간의 주체성에 대해 생각해봐야 한다. 특히 한 언어권의 문화적 요소가 번역에 제대로 반영되었는지, 혹은 적절한지 그 타당성과 신뢰성을 평가할 수 있는 것은 결국 해당 문화권의 언어적, 사회적, 역사적 특성을 잘 이해하는 인간 번역사의 주체적 판단일 것이다.

참고문헌

방영풍·서연주(2024). ChatGPT 를 활용한 문화소 번역연구 – 소설 〈대장금〉의 한중 번역을 중심으로. 《국제언어문학》, 373~400쪽.

윤여범(2024). 영어 속담의 한국어 번역에 나타난 기계 번역의 오류 유형 분석. 《인문과학연구논총》, 41~62쪽.

이창수(2024). 챗GPT, 파파고, 인간 번역가 간의 한영 문학번역 차이점 연구. 《번역학연구》, 11~37쪽.

지윤주(2021). 신경망 기계번역 내 젠더 문제 고찰 연구 – 네이버 파파고와 구글 번역을 중심으로 –. 《통역과 번역》, 269~294쪽.

07
AI 번역과 문화 번역

기존 기계 번역 시스템과 달리 챗GPT를 이용했을 때 문화소 번역에서 뛰어난 성능을 보여 줬다. 그러나 문화는 계속 바뀌고 언어는 새롭게 만들어지는데 AI의 데이터 학습 속도는 이를 따라갈 수 없다. 그런 과정에서 데이터에 없는 언어 정보를 생성해 내는 할루시네이션(hallucination) 현상을 경계해야 한다. 이런 이유로 문화 번역에서는 AI에 의존하기보다 직접 확인하고 검증하는 작업이 필요하다.

AI와 윤동주?

번역의 난제, 문화 번역

수잔 바스넷과 안드레 르페브르는 《번역, 역사 그리고 문화(Translation, History and Culture)》 서문에서 'ST와 TT 간의 고단한 비교 작업'과 같은 언어 차원에서 번역에 대한 논의에서 벗어나 번역과 문화 간의 상호 작용에 주목해야 한다고 보았다(Munday, 2016). 번역에 대한 논의는 맥락, 역사, 관습보다 더 광범위한 문화 관련 주제들 속에서 이뤄져야 한다는 것이다. 이렇게 번역 연구의 초점이 '텍스트로서의 번역'으로부터 '문화와 정치 행위로서의 번역'을 옮겨진 것을 가리켜 '문화적 전환(cultural turn)'이라고 한다. 이는 번역을 단순히 문자 텍스트들 사이의 언어적 전환이 아니라 상이한 문화들 간의 교류와 상호 작용을 위한 소통 행위로 이해하는 관점의 전환을 보여 준다.

문화 번역에 대한 관심이 높아지면서 다양한 언어에서 문화 번역 연구가 활발하게 이뤄졌다. 어떤 언어든 문화가 반영된 언어의 번역 문제는 어디에서든 발생할 수 있기 때문이다. 현재 시점 기준으로 한국학술지인용색인(KCI)에서 '문화 번역'으로 검색했을 때 3,661건의 논문이 나올 정도로 문화 연구는 번역 연구자들에게 지속적인 관심의 대상이다.

특히 K-콘텐츠가 세계적으로 큰 인기를 끌면서 영화, 문학, 드라마, 웹툰, 웹소설, 예능 등 다양한 종류의 텍스트에서 한국 문화적 요소가 다른 언어로 어떻게 번역되는지가 번역 연구자들의 관심 끌고 있다. 문학 작품으로 《82년생 김지영》과 《채식주의자》 그리고 영화 〈기생충〉과 〈오징어 게임〉에 이르기까지 한국 문화의 트렌드를 주도하는 콘텐츠를 각국의 언어로 번역할 때 사용하는 전략이나 번역 결과물을 평가하는 연구들이 나오고 있다.

'문화적 요소'를 세부적으로 분석할 때, 한 국가의 문화, 역사, 지리와 관련된 요소를 '문화소'라고 한다(Diaz-Cintas & Remael, 2014). 문화소 번역이 어려운 이유는 원문의 내용을 도착어로 번역하는 과정에서 원천 언어(source language)에 해당하는 개념이 목표 언어(target language)에 존재하지 않거나 의미가 다를 경우, 적절한 번역어를 찾기 위해서는 번역사의 개입과 창의성이 필요하기 때문이다. 이는 모든 언어에서 직면할 수 있는 문제이기 때문에 모든 언어권의 번역사가 직면할 수밖에 없는 난제이기도 하다. 이 난제를 어떻게 해결했는가, 혹은 어떻게 해결하면 좋을지를 두고 언어별로 문화소 번역에 대한 다양한 연구가 이뤄지고 있다.

연구의 다양성만큼 문화소에 대한 정의도 국내외 연구자마다 연구 주제에 따라 각기 다른 방식으로 정의해 왔다. 여기에서는 국내 연구 가운데 문화소 번역 연구에서 자주 언급되는 이근희(2003)의 문화소 개념을 참고하여, 문화소란 "한 언어를 사용하는 사회 공동체의 고유한 사회 문화로부터 비롯되는 특정 어휘나 언어 사용 관습"으로 본다. 그리고 이런 관점에서 다양한 문화 요소 가운데 언어 문화의 번역에 대해 중점적으로 논의하고자 한다. 한 사회의 문화는 결국 언어를 통해 발현되고, 언어에 내재된 문화소는 번역을 통해 전이 또는 확산될 수 있기 때문이다.

AI 번역과 언어 문화소 번역

임형재 외(2022)의 문화소 분류에 따르면 언어 문화소는 관용적 표현, 상징, 경어법, 말장난, 비속어, 외국어, 말투 등으로 구분할 수 있다. 이러한 언어 문화소는 특정 문화권 언어의 고유한 특성을 반영하기 때문에 언어의 전환 단계에서 본래 의미를 오롯이 담기가 어렵다. 그러나 번역사는 텍스트의 기능, 문화적 맥락, 발화 의도 그리고 번역 효과를 고려하여 원문의 의미를 가장 적절히 전달할 수 있는 표현을 찾아야 한다.

AI 번역의 성능 평가에도 언어 문화소 번역이 중요한 평가 기준이 된다. 신경망 기계 번역(NMT) 기반 번역 플랫폼은 언어 문화소의 번역에서 한계를 보이는 경우가 많았다. 그러나 최근 연구에서 챗GPT는 이전의 기계 번역과는 명확한 차이점을 보여 준다는 분석 결과도 나왔다. 류친(2024)은 챗GPT와 같은 대화형 AI의 경우 프롬프트를 통한 사용자와의 상호 작용을 기반으로 주어진 문맥 속에서 관용구의 의미를 이해할 수 있다고 보았다. 이 연구는 중국 장편소설《인생(活著)》의 관용구 번역을 대상으로 챗GPT와 기존 기계 번역 결과물을 비교 분석한 결과, 챗GPT는 프롬프트를 수정해 나가는 과정에서 대안을 찾아 간다는 분석을 내놓았다. 이전에도 챗GPT를 이용한 언어 문화소 번역에 대한 연구가 언어별로 다양하게 이뤄지긴 했으나, 이 연구의 경우 관용구 번역에서 AI 번역에 대한 긍정적인 평가를 내리고 있다는 점에서 주목할 만하다.

텍스트의 유형과 매체 특성에 따라 언어 문화소 번역의 효과와 기능 수행 여부가 달라지기 때문에 프롬프트 설정이 큰 영향을 미칠 것으로 단정 짓기는 어려울 수 있다. 그러나 프롬프트는 AI와 인간의 소통 통로로서 프롬프트를 통해 번역의 가이드라인과 목표를 구체적으로 제시할 수 있다. 그런 점에서 고정된 입력값에 대한 번역을 수행하는 종전의 기계 번역과는 달리 AI 번역은 문화소 번역에서 다른 결과를 보여 준다. 이제는 AI를 이용한 문화소 번역의 가능 여부를 논하는 단계를 넘어서 AI가 수행한 언어 문화소 번역이 적절한지를 주의 깊게 판단해 봐야 할 때다.

신조어 번역과 할루시네이션

신조어는 의도적 어법 파괴로 웃음을 유발하거나 변화하는 사회상이나 시대상을 풍자적으로 표현하기 위해 새롭게 만들어지다 보니 언어적 일탈 현상으로 치부되는 경우가 많았다. 또한 신조어는 일시적으로 유행하고 사라지거나 특정 세대의 언어 집단에서 향유하는 전유물로 여겼다. 그런데 밀레니얼 세대와 Z세대를 통칭하는 'MZ세대'가 한국 사회와 문화 전반에서 상당한 영향력을 발휘하면서, MZ세대가 사용하는 신조어가 주목을 받고 있다. 게다가 디지털 환경에 익숙한 MZ세대는 SNS를 통해 신조어를 빠르게 공유하면서 신조어가 만들어지고 확산되는 속도는 이전보다 훨씬 빨라지고 파급력도 더욱 커졌다.

게다가 유튜브나 예능 프로그램에서는 자막에 신조어

를 사용해 주요 이용층인 MZ 세대의 공감과 재미를 끌어내려 한다. K-콘텐츠가 해외에서 인기를 얻으면서 K-콘텐츠에 나오는 신조어를 배우고 싶어 하는 외국인도 늘고 있다. 그렇다면 K-콘텐츠를 AI로 번역했을 때 신조어를 잘 번역할 수 있을까? 더구나 신조어는 학습될 수 있는 것이 아니며, 신조어를 번역하려면 신조어가 만들어진 배경이나 발화 상황에 대한 전반적인 이해가 필요하다. 또한 최근 신조어는 영어와 한국어 조합으로 만들어진 '한국식 영어(Koreanized English)'로, 외래어도 아니고 우리말도 아닌 경계에 있는 언어처럼 보인다.

이러한 연구 질문을 바탕으로 필자는 신조어 어휘 목록을 만든 다음, 그 가운데 자주 사용되는 신조어를 중심으로 파파고와 챗GPT(3.5)를 이용하여 번역해 보았다. 파파고는 구글과 달리 신조어를 분절하여 번역한 결과물을 내놓기 때문에 파파고의 신조어 번역 프로세스를 유추해 볼 수 있나. 챗GPT는 신조어 번역어를 제시하는데 그치지 않고, 신조어에 대한 정보까지 제공했다.

그러니 챗GPT의 경우 신조어 번역어에 대해 제시하면서 한국어 사전에 없는 단어거나, 정확한 어휘가 아닌데도, 마치 한국인들이 실제로 사용하는 어휘나 단어처럼 정보를 생성하는 '할루시네이션(hallucination)' 현상이 나타나는 것을 확인할 수 있었다. 문제는 잘못된 용어에 대한 구체적인 맥락까지 제공하다 보니 한국어에 대한 잘못된 정보를 생성해 전파할 위험성이 있었다.

예를 들어 신조어 '나일리지'는 '나이+Mileage'의 합성어로 '나이가 많은 것을 앞세워 대우받기 원하는 모습'을 말한다. '나일리지'를 영어로 번역했을 때 파파고는 'It's Nile'이라는 번역어만 제시했지만 챗GPT는 '나일리지'를 한국의 문화와 관련해서 설명했다. 챗GPT(3.5)는 '나일리지'가 한국에서 '나이트라이프(Nightlife)'와 '데일리(Daily)' 두 단어를 합쳐 만들어진 신조어라고 설명하면서 '일상적인 생활에서 밤에 활동하거나 놀이를 즐기는 것을 의미한다'고 했다. 또한 '이용자가 일상적인 활동과 레저 또는 엔터테인먼트를 결합하여 즐길 때 사용하는 용어'라면서 '나일리지는 주로 사회적 활동, 놀이, 술집, 클럽 등과 관련이 있다'고 설명했다. 이러한 결과는 단어에 대한 번역/오역의 문제를 넘어서 한국의 문화와 사회에서 통용되는 언어에 대한 잘못된 정보를 생성하고 있는 것이다. 일상에서 많이 사용되는 신조어로서 '캘박'은 '캘린더 박제'로 약속 날짜를 정하는 것을 말하는데, 챗GPT는 '캘박'을 'calender parking'으로 번역하고, 이 용어가 '주거 지역에서의 주차 제도'라고 설명했다. 나아가 구체적인 지침까지 생성형 정보로 제공했다.

최근에 다시 챗GPT-4o을 사용해서 동일하게 검색했을 때는 해당 신조어에 대한 정보를 습득하여 정확한 결과를 내놓았다. 3.5와 4 사이에 챗GPT가 학습을 통해 오류를 수정한 것이다. 물론 버전이 높아질수록 번역 오류는 줄어들 것이다. 그러나 한 가지 유념해야 할 사실은 대부분의 사람이 별다른 이유 없이 이전에 찾은 단어의 정보가 정확한지 확인하기 위해 다시 또 찾아보지는 않는다는 것이다. 즉 어떤 외국인이 챗GPT 3.5 버전에서 '나일리지'와 '캘박'에 대해 잘못된 정보를 습득했다면, 그 정보를 '사실'로 믿고 받아들이지, 생성된 정보로 의심하지는 않는다. 또한 챗GPT-4o로 업그레이드되었다고 해서 3.5버전을 사용해 찾았던 그 단어를 다시 검색해서 바뀐 정보는 없는지 확인해 보지는 않을 것이다.

프롬프트 설정 또는 사용자의 특정 요구사항을 반영한 맞춤형 번역 모델을 구축하게 되면 AI를 해당 문화권의 구성원과 비슷한 언어 지식을 가진 에이전트처럼 훈련시킬 수 있을 것이다. 심지어 문화소 번역에서 오류를 범할 가능성도 낮아질 수 있다. 그러나 시시각각 변하는 문화 트렌드와 문화소를 그때그때 학습시키기는 어렵다.

AI 플랫폼의 성능이 계속 발전하다 보면 관용어구나 신조와 같은 언어 문화소 번역이 상당히 만족스러운 수준에 이르게 될 수도 있다. 그러나 그사이에 다시 새로운 언어가 생겨날 것이고, 다시 훈련을 통해 따라잡아도 다시 간격이 벌어져 마치 평행선을 달리듯이 간극을 좁히기가 어려울 것이다.

요약하면 AI가 문화 특정적인 요소를 번역할 수 있는지 그 가능성을 탐색해 보는 시기는 이제 지났다고 할 수 있다. 그보다는 '번역'이란 목적을 효과적으로 달성한 번역문은 어떤 것인지, 그 평가 기준은 무엇인지를 정립할 필요가 있다. 이에 다음 장에서는 AI 번역과 인간 번역의 평가 문제에 대해 살펴보도록 하겠다.

참고문헌

류친(2024). GPT 를 활용한 중-한 문학번역에 대한 고찰 – 장편 소설 "인생(活著)"의 관용구 번역을 중심으로. 《문화와융합》, 273~287쪽.

이근희(2003). 문화와 밀접한 상관어의 번역 전략. 《번역학연구》, 5~27쪽.

임형재 외(2022). 《문화소 번역의 이론과 실제》. 박이정.

Diaz-Cintas, J. & Remael, A.(2014). *Audiovisual Translation, Subtitling*. Routledge.

Munday, J.(2016). *Introducing translation studies: Theories and applications* (4th ed.). Routledge.

08
AI 번역과 인간 번역 평가의 문제

기계 번역과 인간 번역의 평가는 주로 인간 번역을 답안으로 제시하고 유사성의 정도를 확인하는 방식으로 이뤄졌다. 그러나 AI 번역 성능이 개선되면서 정확성 측면에서 인간 번역과 AI 번역은 유사한 수준을 보이고 있기 때문에 새로운 평가 항목이 필요하다.

대표적으로 '창의성' 항목은 AI 번역물과 인간 번역물을 가장 잘 구별해 내는 방법이 될 수 있다.

AI와 한의학?

번역 평가 방식

번역물을 평가할 때 주로 전체적인 틀에서 가독성과 정확성을, 세부 항목으로 표현, 문법, 문장, 누락 또는 첨가, 연결성 등을 평가 항목으로 고려한다. 번역 품질을 평가하는 항목은 평가자와 평가 기관마다 다양하지만 가독성, 논리성, 표현력과 관련된 요소들을 공통적으로 다룬다. 번역 평가의 목적이 원문의 의도와 목적을 다른 언어로 얼마나 잘 전달하고 있는지를 보기 때문이다. 여기에 텍스트 유형과 플랫폼을 고려하여 시각적 효과와 레이아웃이 평가 대상에 포함되기도 한다.

AI 번역에 대한 평가는 일반적으로 수동 평가와 자동 평가로 나눈다. 수동 평가는 인간 평가자가 직접 평가하는 방식이다. 이 경우 인간 평가자의 주관성이나 번역 오류를 판단하는 기준에 문제가 제기되면 평가의 신뢰성이 떨어질 우려가 있다. 그렇지만 평가의 타당성을 확보하기에는 수동 평가가 용이한 것으로 나타났다(정혜연, 2018). 문제는 기계 번역 시스템 개발자들 입장에서 기계 번역의 품질 평가를 매번 인간에게 맡기려면 비용과 시간 부담이 크다는 것이다. 개발자들은 기계 번역 품질을 지속적으로 평가해서 성능을 개선해 나가야 하므로 적은 비용으로 신속하게 처리할 수 있는 자동 평가

(automatic evaluation)가 필요하다.

기계 번역의 성능 평가를 위해 가장 보편적으로 사용하는 방식이 'BLEU(블루)'다. 블루 스코어는 기계 번역 결과물과 인간 번역 간에 n-그램(n-gram)이 얼마나 일치하는지를 분석해 유사도(closeness)를 계산한 것이다. 여기에서 n-그램은 연속된 n개의 단어나 문자를 말한다. 예를 들어 "I love you"라는 문장에서 2-그램은 "I love"와 "love you"이다. 이처럼 2개 이상의 단어가 연결된 구문을 비교했을 때 n-그램의 일치도에 따라 0부터 1 사이의 값을 계산한다. 이때 1에 가까울수록 기계 번역이 인간 번역과 유사하다는 것을 의미하기 때문에 좋은 번역으로 평가한다(Papineni, 2002).

블루 스코어를 비롯해 다수의 자동 평가 방식은 인간 전문 번역사의 번역문을 기준점으로 삼아 두 번역문 간에 유사도를 측정하는 방식을 택한다(이준호, 2019). 이러한 자동 평가 방식은 인간 번역의 우수한 품질이 담보되었다고 가정하고 평가한다. 그 결과 수동 평가에서는 기계 번역의 품질이 인간 번역보다 우수하다는 평가 결과가 나올 수 있지만, 자동 평가는 인간 번역을 기준으로 삼기 때문에 기계 번역이 인간 번역보다 높은 점수를 받기 어렵다는 함정이 있다. 따라서 자동 평가에서는 평가 기준이 되는 인간 번역의 품질에 따라 평가 점수가 좌우될 수 있다는 점을 유의해야 한다.

번역 평가 방식의 변화

번역 평가에서 자동 평가와 수동 평가 모두 평가에서 중요한 영향을 미치는 것은 결국 '인간'임을 확인할 수 있다. 그런데 AI 번역 성능이 발전할수록 AI 번역물이 인간 번역과 가까워지면서 기존에 기계 번역으로 불가능하다고 여기던 인간의 '창의력'을 평가 기준으로 삼게 된다. 인간의 창의력이 가장 필요한 번역으로 문학 텍스트 번역을 들 수 있다. 문학 번역에서는 출발어와 도착어에 대한 언어 지식뿐만 아니라 문학 작품과 작가에 대한 이해를 바탕으로 동일한 문학적 효과를 낼 수 있도록 창의적으로 번역하는 능력이 중요하다.

특히 한국어의 경우 종결어미의 변화가 다양하고 연령이 관계 설정에 영향을 미치는 언어적 특성도 있으며, 세대별 언어 문화도 상당히 다르다. 국내외 독자를 대상으로 한 한국어 문학 번역에 많은 어려움이 따르는 것도 이런 이유 때문이다. 문학 번역 연구 중에는 이런 한국어의 특성이 두드러진 텍스트 유형을 찾아 AI를 이용해 번역하고 그 과정에서 나타나는 오류를 분석한 연구도 있다. 일례로 시는 한국어의 언어적 특성이 함축적으로 드러나기 때문에 인간 번역사에게도 쉽지 않은 번역 텍스트다. AI를 이용해 윤동주의 시를 번역하고 그 결과를 분석했더니 시의 운율적 특성과 시어의 의미를 고려하는 인간 번역사와 달리 챗GPT를 포함한 기계 번역은 원문의 구조를 최대한 보존한다는 분석이 나왔다(박영란, 2023). 여기에서 인간과 AI 번역 결과물을 평가하는 중요한 기준은 '창의성'일 것이다. 한국의 사회와 문화적 지식, 그리고 다양한 경험을 바탕으로 작품 해석에서 유연한 사고를 할 수 있는 인간과 달리 AI는 데이터 기반 분석으로 유연한 사고의 확장이 어렵다. 그렇기 때문에 인간 번역과 AI 번역 사이에 차이가 존재할 수밖에 없다.

한편으로 AI 번역의 한계를 분석하기 위한 평가 항목이 새롭게 고려되고 있으며, 다른 한편으로는 AI 번역물의 오류를 줄이기 위한 프리/포스트 에디팅을 위해 AI의 한국어 이해 능력을 평가하고 분석한 연구도 있다. 먼저 AI 번역에 대한 새로운 평가 방식을 제시한 연구로 신문 사설의 한영 번역에서 인간 번역물과 기계 번역물 간에 어휘 사용 패턴을 분석하여 그 차이점을 규명한 연구가 있다(이창수, 2020). 이 연구에서는 문맥을 고려한 대안을 창의적으로 제시할 수 있는지를 기계 번역과 인간 번역을 평가하는 기준으로 제시했다. 이는 단순히 인간 번역문을 정답으로 두고 그 기준에 맞춰서 기계 번역의 오류를 평가하는 방식에서 벗어나, 기계 번역과 인간 번역의 '차이점'을 구체적으로 규명했다는 점에서 의미 있는 연구라고 할 수 있다.

또한 AI의 한국어 번역을 평가하면서 번역의 오류 원인을 한국어의 언어적 특성에서 찾는 연구도 있다. 번역의 주체가 기계든 인간이든 '한국어'이기 때문에 다른 언어로 번역할 때 특정 오류가 발생할 수밖에 없는 이유를 규명하려는 연구도 있다(김채은, 2021). 예컨대 한국어 관계절은 관계절의 종류에 따라 영어 번역물의 정확도에 영향을 미쳐서 문법에 맞지 않는 번역문이 나오기도 한다. 이러한 분석을 바탕으로 AI에 원문을 입력하기 전에 프리 에디팅 단계에서 AI 번역 과정에서 범할 수 있는 오류를 사전에 차단하면 번역 품질이 개선되는 효과를 볼 수 있다. AI 번역 성능이 개선될수록 AI 번역물과 인간 번역물의 단순한 오류 분석에서 벗어나 여러 변수를 통제하며 근본적인 차이점을 알아내기 위한 연구가 다각도로 이뤄지고 있다.

번역 평가의 문제

기계 번역과 인간 번역 간의 거리를 좁히기 위한 연구는 두 가지 유형으로 나눌 수 있다. 첫 번째 유형은 기계 번역물이 자주 범하는 오류를 수정하여 인간 번역과의 거리를 좁히기 위한 연구다. 두 번째 유형은 기계 번역을 사용해 다양한 텍스트를 번역하고 평가하는 연구다.

특히 두 번째 유형의 연구에서는 신조어가 많은 텍스트를 사용하면 기계 번역의 오류 횟수가 늘어난다는 연구 결과를 제시했다. 신조어의 경우 어형(語形)은 기존 단어와 비슷해 보여도 사전적인 의미와 특정 세대에서 공유되는 의미가 다르기 때문에 신조어 등장 이전에 학습한 언어 정보로는 정확한 번역이 어렵다.

영미권에서 유입된 신조어는 단어의 뜻을 추측하기가 더 어렵다. 최근 영미권 SNS와 패션계에서 유행하는 '드뮤어(Demure)'라는 말은 고대 프랑스어에서 유래한 단어로 보통 여성의 차림새나 태도가 차분하며 성숙하다는 의미로 사용되었다. 그런데 한국에서도 '드뮤어'에 '-하다'를 붙여서 '드뮤어하다'라는 표현을 사용한다. 이런 차용어(loanword)는 국적을 잃어버린 언어와 같아서 번역을 할 때는 번역사가 개입해서 용어를 역주로 설명하거나 단어의 의미를 이해할 수 있는 짧은 설명을 첨가해야 한다. 용어에 대한 대중의 수용성도 번역 과정에서 고려되어야 하기 때문이다.

결국 언어는 끊임없이 변화하며, 번역은 '살아 있는 언어'를 형식적 틀 안에 넣되 그 테두리는 언어가 움직일 수 있을 정도의 탄력성이 있어야 한다. 이는 번역 평가에서 독자의 수용성과도 관련이 있다. 아무리 정확한 또는 창의적인 번역이라 할지라도 독자가 수용할 수 없다면 번역의 궁극적 목적인 소통적 기능을 수행할 수 없기 때문이다. 그러나 독자의 수용성은 통계나 수치로 환원하기 어렵기 때문에 평가자는 독자의 입장에서 판단하게 된다. 독자의 수용성에 대한 평가는 수동 평가에서만 가능하고, 기계 번역의 품질을 평가하기 위한 자동 평가에서는 적용하기 어렵다. 이때 인간 평가자의 개인 경험과 언어 문화에 대한 인식과 지식에 따라 수용성에 대한 평가가 달라질 수 있기 때문에 평가 기준을 명확히 수립하는 것이 필요하다.

특히 최근 언어 문화의 변화 속도는 멀티미디어와 SNS의 영향으로 인해 그 어느 때보다 빨라지고 있다. 게다가 두 가지 언어의 혼종적 표기 방식은 새로운 조어법을 통해 단어의 기의와 기표를 분리해 예측 불가능한 형태로 바꿔 버린다. 이제 평가의 새로운 기준은 언어 문화의 변화를 반영해서 어떻게 번역할 것인지, 그 번역 전략을 모색하고 적절한 번역어를 제시할 수 있는 역량에 초점을 맞출 필요가 있다. 그런 점에서 번역 평가의 '창의성' 항목은 AI 번역과 인간 번역을 구별하는 한 방법이 될 수도 있을 것이다. 이어서 다음 장에서는 AI 번역과 인간 번역의 '구별 짓기'에 대해 구체적으로 논의해 보고자 한다.

참고문헌

김채은(2021). 한영 기계번역에 나타나는 관계절 연구. 《영어영문학21》, 279~305쪽.

박영란(2023). 윤동주 시 한영비교: 번역가의 번역과 기계번역을 중심으로. 《통번역교육연구》, 149~175쪽.

이준호(2019). 신경망기계번역의 객관적 평가를 위한 예비연구: 자동평가와 수동평가의 균형점. 《통번역학연구》, 171~202쪽.

이창수(2020). 한-영 신문사설 번역에서 나타나는 인간번역과 기계번역 간의 어휘 사용 차이 연구. 《통역과 번역》, 245~262쪽.

정혜연(2018). 번역의 자동평가: 기계번역 평가를 인간번역 평가에 적용해보기. 《통번역학연구》, 265~287쪽.

Papineni, K.(2002). Machine Translation Evaluation: N-grams to the Rescue. *LREC*.

09
AI 번역과 인간 번역의 구별 짓기

대화형 AI 번역의 경우 대화의 상호 작용 속에 번역이 이뤄져, 인간과 AI 역할 비중에 따라 'AI 번역' 또는 '인간 번역'으로 명확히 구별할 수가 없다. 이제는 번역의 주체에 대해 논할 때 번역 프로세스를 누가 수행하느냐는 행위 중심적 관점에서 벗어나 '번역'이라는 언어적 소통의 주체가 누구인지에 대한 인식론적 관점의 전환을 모색해 나가야 한다.

AI와 화장품?

번역의 주체에 대한 구별 짓기

신경망 기계 번역(NMT) 서비스의 상용화 이전에 번역은 당연히 '(인간) 번역'을 의미했고, '기계 번역'은 번역의 주체가 '기계'임을 표기해 줬다. 그런데 이제는 '인간 번역(Human Translation, HT)'과 '기계 번역(Machine Translation, MT)'으로 표기하며, 번역의 주체를 '인간 / 기계'로 구별하고 있다. 이러한 표기의 전환은 두 가지 중요한 의미를 가진다. 첫째, '번역'이란 단어를 '인간'과 '기계'가 나눠 가져야 할 정도로 번역에서 기계 번역의 비중이 커졌음을 의미한다. 둘째, 번역의 주체를 구별해야 한다는 인식을 반영한다.

기계 번역, 특히 최근 AI 기반 번역 시스템과 인간 번역을 구별할 수 있는 경계선은 무엇일까? 앞서 번역 평가에서 자동 평가와 수동 평가에 대해 언급했듯이 아직까지 번역 평가의 기준으로 삼는 것은 '인간' 번역이다. AI 번역은 인간 번역을 지향점으로 삼는 '불완전한' 번역이다. AI 번역과 인간 번역을 비교한 여러 연구에서 지적하고 있는 AI 번역의 오류는 이 같은 '불완전성'의 증거이며, 번역의 온전한 주체는 인간이라는 점을 상기시킨다.

변화하는 사회 속에서 언어 문화도 계속 달라지기 때

문에 AI 번역의 품질이 나날이 좋아진다 해도 계속해서 바뀌는 인간 언어와 같은 속도와 방식으로 변화할 수는 없다. 그렇지만 챗GPT와 같이 프롬프트에서 이뤄지는 대화를 토대로 번역 오류를 수정하고 새로운 결과를 제시하는 AI 번역은 그동안 기계 번역의 문제점으로 지적되었던 언어 간섭(language interference) 현상에서 벗어나고 있으며, 이는 중요한 변화라 할 수 있다. 언어 간섭은 출발 언어의 특징이 도착 언어에 이전되는 현상을 말하는데, 주로 미숙련 번역사에게도 나타난다. 그러다 보니 언어 간섭 현상에서 벗어나 맥락을 읽고 번역하는 AI 번역은 경험이 별로 없는 인간 번역사보다 더 좋은 번역문을 내놓기도 한다.

AI 번역이 기존의 기계 번역 시스템과 가장 큰 차이점을 보이는 부분도 바로 이 지점이다. 기술적인 성능 면에서도 좋아졌지만, 프롬프트를 통해 대화를 '나눈다'는 설정은 마치 공동의 목표를 향해 협업하는 파트너처럼 상상된다. 사실 사용자는 검색창에 검색어를 입력하듯이 프롬프트를 작성하지만 챗GPT는 입력한 프롬프트 내용에 대해 즉각적인 반응을 보이며 들어 줄 준비가 되어 있는 것처럼 메시지를 기다린다. 그리고 AI는 번역을 제시할 뿐만 아니라 스스로 수정 작업을 해 나가 결국 사용자가 만족할 만한 번역을 내놓는 것처럼 보인다. 이 번역의 과정에서 번역의 주체는 누구인가? 번역문을 작성한 AI 인가, 아니면 번역문의 작성까지 이끈 인간인가? 이러한 상호 작용 속에서 최종적으로 도출해 낸 번역문은 AI 번역인가, 인간 번역인가? 이러한 물음은 결국 AI 번역과 인간 번역의 구별을 어렵게 만들고, 번역의 주체에 대한 고민으로 이어지게 된다.

AI는 번역사의 도구인가, 파트너인가

기계 번역에 대한 논의에서 과거에 '번역기'는 자신이 입력하는 내용만을 번역하며 번역사의 도구적 수단에 그쳤다. 그러나 이제 AI 번역은 원천어를 입력하는 사람의 의도를 파악하고 목표어가 사용될 상황이나 맥락까지 주체적으로 파악하는 역할을 수행한다. 번역 과정에서 AI는 인간 사용자와 함께 번역에 적극 개입하게 되는 것이다. 이를 두고 최근 번역학계에서는 AI와 인간 번역의 '협업(collaboration)'이라는 말을 사용한다.

이 '협업'이라는 말은 양쪽의 존재를 필수적으로 전제하고 있다. 어느 한쪽도 없어지거나, 없어져서는 안 된다는 점에서 인간 번역사의 존재론적 지위를 분명하게 부여하는 말이기도 하다. 또한 이 '협업'이라는 말은 기계 번역과 인간 번역에 대한 우열을 나누는 의미도 포함되지 않는다. 기계 번역이 인간 번역보다 뛰어나면, 기계를 '이용'해서 '보완'하는 것이 되며, 인간 번역이 더 뛰어나면 기계가 인간의 힘을 빌려서 '보완'되기 때문이다. 이러한 관점에서 AI는 인간 번역사의 도구이자, 파트너라 할 수 있다.

번역의 주체에 대한 새로운 인식

그렇다면 협업을 통해 완성된 번역 결과물에 'AI'와 '인간' 중 어느 것을 붙일지 결정할 때 그 기준은 무엇이 되어야 할까? 협업의 과정에서 AI를 사용하면 '인간 번역'이라고 할 수 없는 것일까? 이에 대해 최려홍(2024)은 AI 번역의 확대와 다양한 매체의 개입으로 이제 더 이상 번역의 주체를 인간으로만 한정할 수 없다고 보았다. 'AI 번역자'를 또 다른 의미의 주체로 인정해야 한다는 주장을 고려했을 때 AI와 인간의 '협업'은 매력적으로 들린다.

'AI (중심) 번역'과 '인간 (주도) 번역'으로 번역의 주체를 구별할 수 있을까? '중심'과 '주도'라는 말을 사용하더라도 챗GPT와 같은 대화형 인공지능을 이용한 번역에서는 상호 작용을 통해 번역이 이뤄지기 때문에 무엇이 중심이고, 누가 주도하는지 명확한 구별이 어렵다. 이처럼 '번역' 앞에 '인간'과 'AI'를 붙인다고 해서 번역의 주체를 명확히 규정할 수는 없다. 이제는 번역의 주체에 대한 새로운 인식의 전환이 필요한 것이다.

인식의 전환을 위해서는 근본적으로 AI 번역과 인간 번역의 '구별 짓기' 방식에서 벗어나야 한다. AI 번역물과 인간 번역물을 비교 분석하며, AI의 오류를 찾아내 인간 번역의 완성도를 높이 평가하는 위계적 관계 정립을 위한 '구별 짓기'에서 벗어나야 한다. '번역'이라는 프로세스에서 지분을 나누듯이 역할 비중에 따라 'AI'와 '인간'으로 나누는 '구별 짓기'에서도 벗어나야 한다.

이제는 '번역'이란 단어 앞에 'AI'와 '인간'을 표기하여 구별하는 것보다 '인간'의 주체성에 대한 스스로의 인식이 중요한 때다. 인간 번역사 스스로가 AI가 제시하는 번역을 무비판적으로 수용할 것이 아니라 번역의 프로세스에 적극적으로 개입해 주체적인 번역을 해 나가야 하는 것이다. 이때 주체성은 새로운 정체성에 대한 고민을 통해 확립될 수 있다.

'번역사'라는 직업의 새로운 정체성을 정립하려면 텍스트 번역 업무뿐만 아니라 문화 간 커뮤니케이터(intercultural communicator)로서의 역할 수행도 중요하다는 인식이 필요하다. 카탄(Katan, 2014)은 문화 간 커뮤니케이션으로서 번역을 강조하면서, 번역사는 문화라는 맥락을 고려해서 문화가 커뮤니케이션에 미치는 영향을 파악해야 한다고 주장했다. 즉 문화별 특성을 고려한 텍스트 번역뿐만 아니라 문화를 번역하는 것이 문화 번역사의 임무라고 보았다. 이제 AI 시대에 번역사는 텍스트 번역사와 문화 번역사라는 두 가지 정체성을 주체적으로 구성해야 하는 것이다.

정체성은 결국 타자와 자신을 구별하려는 인식적 노력이라고 할 수 있는데, 그라드와 로조(Grad & Rojo, 2008)는 이를 '동화(assimilation)와 차별화(differentiation)' 개념으로 설명한 바 있다. "차별화하려는 욕구는 우리가 정체성의 위치를 찾는 데 몰두하게 만들며, '우리'와 '그들'을 구별하는 이분법의 과정을 통해 구성된다"라고 그라드와 로조(Grad & Rojo, 2008)는 지적했다. 이러한 관점에서 AI 시대에 AI와 인간의 영역을 구별하려는 시도는 결국 AI와의 차별화를 통한 인간의 새로운 직업적 정체성을 구성하는 과정으로 이해할 수 있을 것이다. 마찬가지로 AI 번역과 인간 번역을 다양한 방법으로 비교하는 것은 결국 '차별화'를 통해 인간 번역사의 위치가 흔들리지 않게 하려는 노력으로도 볼 수 있다.

AI는 계속해서 발전하기 때문에 텍스트 번역만을 두고 인간과 AI의 차별성을 규명하려는 노력은 결국 어느 순간 한계에 봉착하게 될 것이다. 그보다는 번역이 중요하게 고려되는 다양한 분야에서 문화 간 소통을 담당하는 언어 전문가(language specialist)로서 번역사의 직업적 정체성을 확대할 필요가 있다.

결국 번역의 주체에 대해 논할 때 하나의 번역 프로세스를 누가 수행하는지에 초점을 맞춘 행위 중심적 관점에서 벗어나야 한다. '번역'이라는 언어적 소통이 포함된 분야 전반에서 텍스트 번역뿐만 아니라 문화 번역까지 책임질 수 있는 주체적인 존재는 바로 인간 번역사라는 인식을 지녀야 하는 것이다. 또한 그러한 주체성이 흔들리지 않도록 번역에 대한 비판적 사고를 견지하려는 노력도 수반되어야 한다.

참고문헌

최려홍(2024). AI 시대 교육에서 번역 주체 대한 소고. 《중한연구학간》, 1~24쪽.

Grad, H. & Rojo, L.(2008). Identities in Discourse: An Integrative View. In Dolon, R. & Todoli, J.(eds.). *Analysing Identities in Discourse*. John Benjamins Publishing Company.

Katan, D.(2014). *Translating Cultures: An Introduction for*

Translators, Interpreters and Mediators. Routledge.

10
AI 번역과 윤리적 책임

AI 번역에 대한 책임은 결국 인간 번역사에게 있다. AI를 사용해도 번역의 시작부터 마무리까지 전 과정에서 인간 번역사가 주체적으로 개입하고 전문적인 판단을 내릴 수 있어야 한다. 또한 업무의 특수성을 고려했을 때 AI 번역 사용으로 초래될 윤리적 문제를 인지하고 그에 따른 윤리적 책임도 질 수 있어야 한다.

종교와 AI?

AI 사용에 대한 책임

인간이 AI의 번역 과정에 최소한의 개입만 했더라도 AI 번역에 대한 책임은 인간이 져야 하며, 번역 문제로 발생하는 법적 · 윤리적 문제 역시 인간 번역사의 몫이다. AI에게 피해 보상을 청구할 수도 없고, AI 서비스를 제공하는 회사에 책임을 묻기에도 책임의 소재가 불분명하기 때문이다. 결국 인간이 법과 윤리라는 테두리 안에서 사회 경제 활동을 영위하는 한, 번역을 둘러싼 책임 문제는 인간 번역사가 도맡아야 한다. AI 시대에도 인간 번역사는 사라질 수 없는 결정적인 이유이기도 하다.

이는 징벌적인 책임 문제에 국한되지 않으며 직업적 윤리 문제와도 연결된다. AI 번역과 윤리 문제에 대해 구체적이며 충격적인 방식으로 던져 준 사례는 바로 한국문학번역상 웹툰 부분에서 AI를 이용해 번역한 일본인 번역사가 신인상을 수상한 사례다. 수상 결과에 대해 다음의 두 가지 질문을 해 볼 수 있을 것이다. 첫째, AI 번역 시스템을 활용한 창작의 경우 어디까지가 AI의 아이디어고, 어디서부터가 인간의 창의적 사고일까? 둘째, 인간 번역사의 개입은 구체적으로 어느 정도로, 어느 과정부터 이뤄져야 하는 것일까? 이러한 질문에 대해 그 범위를 명확하게 규정할 수는 없을 것이나, AI 번역에만 의존하고 번역사의 주체적 판단이 없었다면 신인상을 수상할 정도의 작품성을 확보하지 못했을 것이다. 이번 수상을 둘러싸고 번역 작업에서 AI의 사용을 어느 정도까지 용인할 것인지 정도와 수준에 대한 다양한 논의가 이뤄지고 있다. 물론 AI를 활용한 번역 작품이 앞으로도 계속 쏟아질 수 있기 때문에 작품성과 창의성에 대한 평가 기준을 재정립할 필요가 있다. 아울러 AI를 이용한 번역에 대한 윤리적 책임을 질 수 있는 제도적 장치도 마련될 필요가 있다.

AI 번역에 대한 법적 책임

번역 작업을 수행한 주체를 둘러싼 윤리적 책임 문제 외에도 번역 결과물에 대한 법적 문제도 발생할 수 있다. 최근 AI 번역을 둘러싼 저작권법이 그 대표적 사례일 것이다. 파파고와 딥엘 같은 번역 플랫폼은 입력창에 원문을 넣고 번역문을 인간이 판단하고 수정해 나간다는 점에서 최종 결과물의 저작권은 인간 번역사에게 있다고 할 수 있을 것이나. 그런데 챗GPT를 이용한 AI 번역은 사용자가 프롬프트에 입력하는 내용과 대화를 통한 상호 작용 속에서 번역문이 만들어지는데, 이때 최종 결과물을 인간 번역사가 수행한 작업으로 볼 수 있을지, 아니면 AI를 활용한 2차적 저작물로 봐야 할지 명확하지 않다.

남형두(2023)는 인간의 매개 여부에 따라 AI 번역을 두 가지로 구분했다. 즉 인간의 도움 없는 인공지능 번역물(AI-generated translation, AIGT)은 저작권법상 복제에 불과하고, 인공지능의 도움을 받은 인간의 번역물(AI-assisted translation, AIAT)은 저작권법상 번역으로서 2차적 저작물이 될 수 있다는 것이다. 이러한 논의는 기계 번역을 사용하는 이용자의 통제성과 주체성 여부에 중요성을 부여했다는 점에서 주목할 만하다.

특히 남형두(2023)는 기계 번역을 이용해 더 좋은 결과물을 얻기 위한 이용자의 과도한 프리 에디팅(pre-editing)은 원작의 다양성을 훼손할 우려가 있다고 지적했다. 이는 번역의 완성도를 높이기 위한 사전 편집 과정에 매몰되어서는 안 된다는 경각심을 일깨워 준다. 원문에 대한 이해에 집중하기보다 매끄러운 번역을 도출하기 위한 작업에만 치중할 경우 원문에 담긴 메시지와 저자의 의도를 번역문에 반영하려는 시도조차 이뤄지지 않을 수 있기 때문이다.

따라서 챗GPT와 같은 대화형 AI를 사용해 번역할 때 AI가 제시하는 답변을 맹목적으로 수용하게 되면 그 번역물은 AI를 이용한 복제물 수준의-AIGT가 된다. 그러나 번역의 목표를 향해 주도적으로 대화를 이끌어 나간다면 AI를 보조적으로 활용한 AIAT가 되는 것이다. 또한 이 경우에만 저작권법상 번역으로서 2차적 저작물로 인정받을 수 있다는 사실을 염두에 두어야 한다. 동시에 저작권법상의 권리를 주장하려면 AI 번역 결과물이 최종적으로 완성될 때까지 책임감을 가지고 작업에 임해야 할 것이다.

번역사의 AI 활용과 직업 윤리

여기에서 번역사의 업무 수행과 관련해 직무 윤리 문제를 제기할 수 있을 것이다. 프리/포스트 에디팅을 통해 번역 품질이 개선될 수 있지만, 프리 에디팅 과정에서 원작이 변형될 수 있고, 포스트 에디팅 과정에서 원문과 동떨어진 결과가 나올 수도 있다. 어느 쪽이든 좋은 번역을 얻기 위한 결과에만 집착해 본말이 전도되는 역효과를 초래한 형국이 될 것이다. 또한 언어와 문화 중재자로서 번역사의 직무 윤리를 충실히 수행하지 못했음을 방증하는 것이기도 하다.

번역 주체로서의 책임, 번역문에 대한 책임, 번역 업무에 대한 책임 등 번역을 둘러싸고 제기될 수 있는 다양한 책임 문제를 다루기 위해 통번역 협회 차원에서 윤리 규범이 만들어지기도 했다. 국제한국어통번역학회는 AI 기술의 활용과 윤리적 책임에 대한 윤리 규정안을 마련했다. 이 윤리 규정에 따르면 "통번역사는 인공지능 도구를 적절하게 활용하되, 인공지능의 한계 또한 명확히 인식하고 필요시 윤리적 판단을 내려야 한다"고 되어 있다. 이때 인공지능의 한계를 명확히 인식해야 한다는 것은 "인공지능이나 기계 번역이 제공하는 결과를 맹목적으로 수용하지 않고, 전문적인 판단을 통해 최종 번역물의 정확성과 문화적 적합성을 보장"해야 한다는 것을 의미한다.

이 규정에서 주목할 부분은 AI를 활용할 때 AI의 한계를 명확히 인식해야 한다는 것, 그리고 맹목적으로 수용하기보다 주체적이며 전문적인 판단을 해야 한다는 것이다. 즉 AI와 인간 번역사의 상호 보완적인 관계를 강조하면서 단지 '적절하게' 잘 활용해야 한다는 데 그치는 것이 아니라 번역사의 주체적인 역할 수행을 강조하고 있다. 인간 번역사는 AI 번역을 통해 업무의 효율성과 번역의 완성도를 높이는 가운데 이를 전문성을 강화하는 기회로 삼아야 하는 것이다.

이제 해외 체류 경험이 없더라도 챗GPT를 통해 20대

미국 뉴욕에 사는 직장인의 말투를 구현해 내서 한국어 작품이라도 영어권 독자에게 더욱 몰입감 있게 다가갈 수 있을 것이다. AI를 활용하면 목표 언어권에 더 밀착된 표현을 발견할 수 있고 번역의 완성도는 더 높아질 수 있다. AI는 '1인치'의 언어 장벽을 제거하는 효과적인 수단이 될 것이며, 번역사의 전문적 영역도 확대될 수 있을 것이다.

AI 시대에 번역사의 직무 윤리는 번역이라는 작업뿐만 아니라 고객과의 관계에서도 더욱 중요해지고 있다. AI 번역을 통해 작업한 결과물에 오류가 발생할 가능성이나 윤리적으로 문제가 될 소지가 있는 경우 이를 의뢰인에게 사전에 설명할 수 있어야 하는 것이다. 즉 AI 번역을 사용할 경우 그 범위, 필요성, 한계, 문제점에 대해 번역사가 인식하고 있어야 하고, 이를 의뢰인에게 설명할 수 있는 책임감 있고 투명한 번역 프로세스가 보장되어야 하는 것이다.

윤리적 질문에 대한 본질적 대답

인간 번역사의 주체성과 통제성 확립에 대한 논의는 AI가 인간의 의식과 행위를 지배하는 것 같은 두려움이 엄습해 오는 AI 시대에 다른 분야에도 적용될 수 있을 것이다. 즉 어디서부터 어디까지가 AI가 수행해야 하는 부분이고, 인간이 해야 하는 부분인가? 인간과 AI의 '공동' 작업이라면 이 작업을 이끄는 주체는 누구인가? AI의 편리성에 함몰되어 책임이나 윤리 문제를 소홀하게 생각하고 있지 않는가? 이는 비단 번역 산업뿐만 아니라 모든 분야에서 고민해 봐야 할 문제인 것이다.

과연 인간은 'AI'라는 상상의 괴물에게 위협받고 있는 것일까? AI가 만들어 준 동굴에서 편하게 쉬고 싶어 하는 것은 사실은 인간 자신이 아닐까? AI 시대에 인간 번역사, 그리고 AI 시대를 살아가야 할 우리 모두가 냉철하게 생각해 봐야 할 질문일 것이다.

결국 AI 시대에 'AI'의 존재감이 커질수록 인간의 존재론적 정체성에 대한 의구심이 커지게 되고, 정체성에 대한 긴장은 존재론적 소멸에 대한 위기로 부풀려지고 있는 것은 아닐까. 결국 이러한 위기의식에 대한 해법을 찾는 과정은 인간이 수행해 온 역할과 직업에 대한 윤리적이며 철학적 질문을 던지는 것이며, 그에 대한 본질적 대답을 모색하는 과정에서 AI 시대 인간의 사회적 · 문화적 정체성이 새롭게 구성될 수 있을 것이다. 사회의 변화 과정에서 인간의 정체성은 끊임없이 구성/재구성되어 왔다. 이제 AI 번역에 대한 (재)인식을 통해 인간 번역사의 정체성을 새롭게 구성해 나가려는 노력이 필요한 때이며, 이는 모든 분야에서 AI를 사용할 때 존재론적 위협을 느끼는 우리, 인간, 모두에게 해당될 수 있을 것이다.

참고문헌

국제한국어통번역학회. https://inkkit.modoo.at/?link=187li403

남형두(2023). 인공지능 기반의 문학번역에 관한 저작권법 문제-바벨탑의 데자뷰?. ≪계간 저작권≫, 33~88쪽.

고선정

한국외국어대학교 융합인재학부 특임교수다. 한국외국어대학교 통번역대학원에서 석사와 박사학위를 받았다. 현재 한국외국어대학교 통번역연구소 연구원으로 활동하고 있으며, 학부생과 통번역대학원생을 대상으로 한 번역 수업도 진행하고 있다. 통번역대학원 석사를 마치고 문화체육관광부에서 통번역원으로 근무하다가 번역을 둘러싼 다양한 연구를 하고 싶어서 학업을 다시 시작했다. 통번역학, 역사학, 사회학, 교육학 등 학제 간 연구에 관심이 많다. "한국 전쟁기 군 통번역사의 역할과 정체성 연구"(2022)로 박사학위논문을 받았다. 주요 논문으로 "1945~1953년 미군 한국인 통역관 관련 신문 담화 분석"(2023), "한국전 휴전 협정에서 'Korea' 번역 문제"(2024), "미디어 지식을 활용한 대학생 UX 라이팅 교육 연구"(2024) 등이 있다. 공역으로 《라캉 정신분석의 핵심 개념들》(2013)이 있으며 에이전시 소속으로 출판 번역을 위한 영미 검토서 작업을 포함해 다양한 번역 프로젝트에 참여했다.